Le meilleur des régimes

KARL LAGERFELD
DR JEAN-CLAUDE HOUDRET

Le meilleur des régimes

Entretien de Ingrid Sischy avec Karl Lagerfeld

Traduit de l'allemand
par Odile Demange

Bienêtre

Collection dirigée par Ahmed Djouder

Titre original :
KARL LAGERFELD / JEAN-CLAUDE HOUDRET : DIE 3 D-DIÄT

© Éditions Steidl, Göttingen, 2002
© Karl Lagerfeld, 2002, pour les photos

Pour l'édition française :
© Robert Laffont S.A., Paris, 2002

Sommaire

Préface de Karl Lagerfeld à l'édition 2010   7
Avant-propos de Karl Lagerfeld   8
Avant-propos de Jean-Claude Houdret   11
Entretien de Ingrid Sischy avec Karl Lagerfeld   13

LE RÉGIME

MA MÉTHODE D'AMAIGRISSEMENT   41
    En guise d'introduction...   41

QU'EST-CE QUE L'OBÉSITÉ ?   45
    La définition médicale de l'obésité   45
    Êtes-vous trop gros ?   47
    La constitution de l'obésité : tous inégaux !   49

IL FAUT MANGER POUR VIVRE ET NON VIVRE POUR
    MANGER !   60
    Les différentes techniques   61
    Équilibre et volonté   69
    Questions et bilan   74

LES GRANDS PRINCIPES
DU PROGRAMME SPOONLIGHT   79
    Pour rendre le régime supportable...   93
    Des règles d'or pour conserver son poids
    idéal   100

RECETTES

Le petit déjeuner	111
Les soupes et les potages	113
Les entrées et les salades	119
Les œufs	130
Les crustacés et les poissons	136
Les viandes	145
Les pâtes et pizza	158
Les légumes	161
Les sauces	168
Les desserts	174

MINCE, BEAU ET EN FORME

Les soins cosmétiques	190
Les soins médicaux esthétiques	203
Les soins de chirurgie esthétique	208
Les soins généraux médicamenteux	212
Savoir gérer le stress	217
Se débarrasser du tabac	219
Le sommeil, allié de la forme	222
Un peu d'exercice pour une pleine forme	227
Un maître mot : l'équilibre	235
Un travail épanouissant	238
Conclusion	241
Tableaux	247
Post-scriptum	250
Index des recettes	252

Préface de Karl Lagerfeld à l'édition 2010

En France, on parle d'Ancien Régime. Le mien n'est pas ancien, mais toujours d'actualité.

J'ai commencé ma transformation (le mot est juste) à la fin de l'année 2000 avec l'aide précieuse et plus qu'efficace du Dr Jean-Claude Houdret. Je suis arrivé à maintenir le cap de bonne espérance jusqu'à aujourd'hui (début 2010), et l'avenir ne me fait pas peur. Je suis armé pour une lutte qui n'en est plus une. Je n'ai pas eu de rechute pendant ces dix ans et je n'ai pas connu de moments de faiblesse non plus.

J'ai développé l'instinct qu'ont les animaux de ne toucher qu'aux plantes bonnes pour leur nourriture et d'éviter d'office tout le reste qui pourrait leur être néfaste.

L'envie de choses défendues ou déconseillées m'a miraculeusement quitté. Je n'aime plus ce que je dois aimer, et l'indifférence a effacé l'envie et le souvenir même de toutes les choses que j'aimais jadis et qui ne seront plus jamais d'actualité pour moi... Je l'espère, et j'en suis profondément persuadé.

Mais vivre avec allégresse dans un état de non-pesanteur et dormir sept heures sans se réveiller est à ce prix. Tout cela sous la haute surveillance du Dr Houdret. Pas de coupe-faim, tout doit être naturel, sain et léger. Quantité et qualité s'équilibrent dans ce combat que j'ai l'impression d'avoir gagné sans avoir eu recours aux armes.

Toute tentation me semble dorénavant sans danger. J'ai l'impression d'avoir commencé une nouvelle vie il y a dix ans... et j'ai oublié celle d'avant... La seule erreur avait été mon indifférence à mon propre égard. Comment ai-je pu prendre tout ce poids jadis ? Je n'ai pas de réponse à cette question qui ne se reposera plus jamais, je l'espère...

Karl Lagerfeld

AVANT-PROPOS

Comment découvrir sa « vraie nature », son « moi profond » tant que l'on n'a pas expérimenté différentes manières d'être ? Si vous n'attachez guère d'importance aux problèmes de poids, si le fait de ne pas pouvoir porter des vêtements nouveaux, modernes, et de petite taille ne vous inspire aucun regret, ce livre n'est pas pour vous. Les raisons de santé sont un excellent prétexte pour perdre du poids et, pour certaines personnes, c'est même une question vitale. Mais si vous avez la chance de ne pas être obligé de suivre un régime pour de telles raisons, rien ne vous empêche de le faire croire aux autres pour éviter d'avoir à leur expliquer que vos motifs réels, plus profonds, n'ont rien à voir avec la médecine. En un sens, la santé mentale est encore plus importante. Il faut avant tout que vous soyez convaincu d'y arriver. Rien ne presse, il n'y a pas de date butoir pour commencer une vie nouvelle ! *No deadline for a new life.*

Allez-y, lancez-vous, suivez les conseils de votre médecin et dites-vous que c'est vital – même si ce n'est pas vrai. Prenez les choses au sérieux – mais sans leur accorder une importance suprême. Considérez l'« isolement purificateur » qu'entraîne un régime rigoureux comme une expérience intéressante. Ne faites pas cela simplement pour changer de vie ou, pire, pour un nouvel amour. Ce sont de très mauvaises motivations qui vous conduiront tout droit à la dépression. Il ne s'agit ici que de vous – les autres passent (ou ne passent pas) après. Au début, vos amis (ou amours) les plus proches ne devraient même pas savoir que vous avez décidé de vous reconstruire. Vous aurez tout le temps d'en discuter plus tard, mais, pour commencer, il faut que ce soit un pacte secret avec vous-même. La « beauté » – ou l'espoir de beauté – est une motivation, elle aussi, dangereuse. Je ne sais plus qui a dit : « Celui qui aime quelqu'un pour sa beauté l'aime-t-il vraiment ? » Alors, ne vous focalisez pas sur la beauté – en admettant que cette idée vous effleure. Une apparence convenable suffit pour que les gens s'intéressent davantage à votre âme. Ce qui nous rend intéressants, c'est la somme de nos expériences, et il n'est pas inutile d'avoir connu une période physiquement pas vraiment flatteuse (réelle ou perçue comme telle). Cela peut même être nécessaire. En tout état de cause, une fois sur le déclin, une « beauté parfaite et pure » ne revient jamais sur ses pas.

Vous préoccuper de votre apparence peut vous aider à garder la forme, et même à l'améliorer. Il y a un moment dans la vie où l'idée de beauté et de jeunesse doit s'effacer devant le style et l'élégance. C'est ainsi. Le regard le plus cruel est celui de la jeunesse – vous vous rappelez ce que vous pensiez à vingt ans de ceux qui en avaient plus de trente ? Tout le monde est pareil. Impressionnez les jeunes avec ce qu'ils ne peuvent espérer être, tant qu'ils ne seront que jeunes. Peut-être pensent-ils que ça n'a pas d'importance, mais l'âge incite à l'indulgence. La jeunesse est un club dont tous les membres seront exclus un jour ou l'autre. Ne rivalisez pas avec les jeunes. S'ils ne sont pas complètement idiots, ils savent bien que leur appartenance à ce club est aussi limitée dans le temps. Mais n'oubliez pas non plus que la jeunesse n'a rien à voir avec la beauté spirituelle des personnes plus âgées. Si vous avez plus de trente-cinq ans, ne vous mettez pas en situation d'être comparé aux jeunes ; trouvez plutôt en vous-même quelque chose qu'ils puissent prendre pour exemple quand l'heure d'être expulsés du « paradis » de la jeunesse aura sonné pour eux.

Ce que nous sommes dépend des circonstances, mais servez-vous de vous-même comme un peintre use de son modèle. Imaginez que vous êtes un acteur en quête de nouveaux rôles. Commencez votre régime dans une période d'optimisme, de bonheur. Vous aurez à vous détacher de votre moi physique pendant un certain temps, et vous devrez considérer que votre environnement social lui-même n'a aucune importance. Placez d'emblée toute votre énergie au service de votre régime. C'est un régime exclusivement physique, alors mieux vaut éviter les problèmes moraux ou autres (ce qui n'est pas facile). Il va falloir que vous vous inventiez une sorte de double vie. N'en parlez pas trop. La condition physique est un sujet de conversation aussi ennuyeux que la maladie ! *Fitness is as boring as sickness.*

À l'issue de ce régime, vous trouverez peut-être une sorte de seconde jeunesse. Si elle ne peut évidemment se comparer à la première, elle se révélera cependant extrêmement agréable à condition que l'on ne se fixe pas les mêmes priorités. Évitez toute psychologie littéraire – un régime n'a rien à voir avec cela. Il s'agit uniquement de vous éloigner de quelqu'un que vous n'aimez plus, avec qui vous n'avez plus envie de cohabiter... N'oubliez pas que cette personne n'est autre que vous-même. Votre régime ne fera pas de vous quelqu'un d'autre, mais vous découvrirez une personne corrigée, dans le sens où vous l'aviez espéré.

Vous pouvez avoir en tête des objectifs immédiats – cependant n'espérez pas de résultats immédiats. Attendez-vous à quelque chose de pragmatique et d'assez long. Il s'agit d'un processus parfois très « réaliste », tout à fait terre à terre. Les seuls mots qui puissent vous faire perdre du poids sont ceux énoncés par votre médecin : les règles de votre régime. Rappelez-vous que les jeux ont des règles, eux aussi. Gagnez la partie... cela sera votre régime de faveur !

Karl Lagerfeld

AVANT-PROPOS

Derrière l'apparente frivolité du sujet : « Comment et pourquoi un grand couturier a perdu plus de 40 kilos » se cache, en réalité, un très grave problème de société : l'obésité se généralise dans le monde et constituera dans les décennies à venir la principale cause de mortalité (non pas directement, mais indirectement par ses complications : diabète et ses conséquences, hypertension artérielle, infirmités motrices, troubles respiratoires, etc.).

Si dans le passé encore récent la famine fut un fléau pour l'humanité, je pense que la suralimentation sera un fléau pour l'humanité à venir. C'est surtout le sucre qui est en cause car sa consommation connaît un développement exponentiel. Dès qu'une population sort de la misère profonde et de la sous-alimentation pour entrer brutalement dans la société de consommation où l'accès à la nourriture en abondance est très facile, elle se rue sur les sucreries avec frénésie comme si le sucre était un nouvel opium des peuples qui ferait oublier les souffrances et les peines.

Il en est ainsi dans tous les pays du monde qui accèdent à la consommation de masse, ce qui confirme que le goût pour le sucré est universellement répandu.

Le problème qui se pose est un problème de société plus qu'un problème strictement médical. Il en ira du sucre comme du tabac : on sait que son abus est dangereux et que le poids des maladies qu'il provoque est à la charge de la collectivité.

La vraie question est donc : comment protéger les individus contre eux-mêmes et comment protéger la société contre les excès des individus ?

À l'heure où le nombre des enfants obèses ne cesse d'augmenter aux États-Unis, en Angleterre, en Allemagne, en France et en général dans tout le monde occidentalisé, à l'heure où la permissivité ne cesse d'augmenter et où, au nom de la tolérance et du droit de chacun à être ce qu'il veut, il est de plus en plus interdit d'interdire, on peut être pour le moins perplexe quant à l'avenir des mesures anti-obésité.

Le cas de Karl Lagerfeld est emblématique et spectaculaire car il montre comment, par la détermination et la volonté, il est possible de revenir à un équilibre harmonieux, même lorsque le surpoids est ancien et bien installé.

J'espère qu'au vu de l'exemplaire résultat de Karl Lagerfeld, aminci, élégant et infatigable, nombreux seront ceux et celles qui perdront les quelques kilos qu'ils pensent nécessaires de devoir sacrifier à leur bonheur et ceux et celles qui perdront les quelques dizaines de kilos qui sont essentiels à leur survie.

Jean-Claude Houdret

ENTRETIEN DE INGRID SISCHY
AVEC KARL LAGERFELD

Le régime est l'unique jeu
où l'on gagne quand on perd.

INGRID SISCHY : Alors, Karl, dites-nous comment ce régime a commencé.

KARL LAGERFELD : Un beau matin, en me réveillant, je n'ai plus été content de mon physique. J'avais très bien vécu avec ma corpulence et je n'avais aucun problème de santé, mais, d'un coup, j'ai eu envie de m'habiller différemment, de porter les vêtements pour hommes d'Hedi Slimane, qui a travaillé d'abord chez Saint Laurent et qui crée aujourd'hui les collections de Dior Homme. Mais cette mode – présentée par des garçons très, très minces (et non sur des hommes de mon âge) – exigeait que je perde au moins 40 kilos.

Le 1er novembre 2000, quand j'ai commencé mon régime, je ne pensais pas que l'on puisse perdre autant de poids en un an – à vrai dire, c'est parce que je ne m'attendais pas à ce que ça dure aussi longtemps. En fait, il m'a fallu exactement treize mois. J'ai donc commencé ce jour-là, sans perspectives précises, en suivant les conseils de mon médecin, le Dr Jean-Claude Houdret. Et maintenant, nous voilà en train d'écrire un livre sur ce régime. Je n'aurais jamais imaginé obtenir ce résultat sans éprouver la moindre fatigue. Aujourd'hui pourtant, je travaille mieux que jamais et je ne suis jamais fatigué, je dors sept heures par nuit sans interruption – et sans somnifères. Les gens se figurent qu'il m'a fallu une volonté et une discipline de fer. Je n'en suis pas certain. J'avais décidé de devenir un cintre parfait de 60 kilos (pour un mètre quatre-vingts), le poids nécessaire pour porter ce nouveau look ajusté, et pour avoir le physique qui va avec. J'avais déjà commencé à limiter mes achats chez les créateurs japonais – j'avais un peu trop vu ces modèles amples, surdimensionnés et j'étais las de les porter. Ils m'avaient longtemps rendu de bons et loyaux services – je me sentais bien habillé, moderne, correct. Les matières et l'esprit de ces vêtements m'avaient beaucoup plu. Cela faisait plus de dix ans que je les portais – ma période noire – et je ne peux pas dire que j'en étais mécontent. C'est de moi-même que je n'étais plus satisfait. Je commençais à me dire : « Tu travailles dans la mode, et la mode, c'est le changement. Si tu n'aimes pas ton image, tu n'as qu'à en changer. Il ne s'agit pas de revenir à ce que tu as déjà été. » C'est donc pour des raisons tout à fait superficielles que j'ai entamé ce régime. Cette idée ne me dérange pas. Je pense que, pour les femmes comme pour les hommes, la mode est la motivation la plus saine pour perdre du poids. Il ne s'agissait que de vêtements, je n'avais aucun problème de santé ni – pire – de difficultés sentimentales ! Ce n'est pas bien d'attendre d'être malade ou malheureux pour se mettre au régime. Je ne souffrais pas non plus d'hypertension. Bien sûr, j'avais des kilos en trop, mais c'est quelque chose de très relatif – tout dépend de la manière dont on se sent. Je n'obéissais pas non plus vraiment à une pulsion narcissique. En fait, il était temps de changer, c'est tout. J'ai d'ailleurs oublié celui que j'étais il y a presque deux ans, je ne m'en souviens plus.

Je ne saurais vous dire précisément, dans le détail, ce qui m'a incité à me mettre au régime. Pour ma crédibilité professionnelle, c'est une bonne chose de pouvoir prouver que je suis capable d'apporter des transformations, non seulement à mes créations, mais aussi à mon apparence personnelle. Les bottes, les chemises, les pantalons noirs – toute cette panoplie –, représentaient une sorte de camouflage. C'était parfaitement efficace et je dois dire que j'ai très bien vécu dans cette tenue – ou plutôt derrière elle. Les lunettes noires, l'éventail – c'était comme un mur entre le monde et moi. Alors je me suis dit : « Et si j'avais un mur en verre, pour mieux y voir. » Bien sûr, en y voyant mieux, je m'expose davantage. Je ne voulais rien changer à ma vie, sinon mon aspect. Maintenant que j'ai fini mon régime, j'ai toujours les mêmes amis et je fais les mêmes choses qu'avant.

I.S. : Quel genre d'homme étiez-vous vers trente ans ? Un véritable athlète à en juger par les photos de l'époque.

K.L. : Sur ces photos où l'on me voit à Saint-Tropez avec l'illustrateur Antonio Lopez et tous ces culturistes, j'avais à peine plus de trente ans. Mais il y a une autre image de moi que peu de gens connaissent. Celle de mes dix-huit, dix-neuf, vingt ans.

I.S. : Vous pouvez m'en parler ?

K.L. : J'allais encore à l'école quand je me suis installé à Paris. Mais je n'ai pas tardé à découvrir que l'essentiel dans la vie – je parle des années 1950 – c'était d'être bien habillé. Mon père n'était évidemment pas prêt à dépenser des sommes folles pour des futilités, il n'était pas du genre à jeter l'argent par les fenêtres, mais il faisait partie d'une génération qui accordait une grande importance à la tenue vestimentaire. Il disait que, si on arrivait au bureau bien habillé, on avait fait la moitié du travail. Il ne se montrait donc pas hostile aux chemises sur mesure, aux beaux costumes et aux chaussures de luxe. À l'époque, il fallait tout commander, on ne trouvait pas grand-chose de beau dans les magasins. Quand j'ai commencé à m'intéresser à la mode, il y avait à Paris une boutique qui s'appelait Eddi dans la galerie du Lido, sur les Champs-Élysées. Et un café célèbre où tout le monde allait manger des hamburgers à midi et après minuit. J'y allais aussi, et ensuite je faisais un peu de shopping. C'était un endroit plutôt chic, et en voyant tous ces vêtements – et tous ces gens bien habillés faire leurs achats –, je me suis dit que le moment était peut-être venu de passer aux costumes sur mesure. Je devais avoir seize, dix-sept ans, et j'ai essayé de convaincre mon père, très diplomatiquement. Ce n'était pas si facile, parce que je ne voulais pas de son tailleur allemand, qui était parfait pour lui au demeurant. Je voulais Cifonelli, le tailleur italien coqueluche du Paris de l'époque. Lui et personne d'autre.

I.S. : Vous travailliez déjà ? Ou vous faisiez encore vos études ?

K.L. : Non, je travaillais chez Balmain. J'avais dix-sept ans, je débutais. Il y a un jour que je n'oublierai jamais. C'était pendant l'hiver 1956, l'hiver le plus glacial qu'on ait connu à Paris. Mon père était descendu au George V – il y descendait toujours quand il venait à Paris – un hôtel très confortable, mais je n'avais pas le droit d'y habiter parce que mes parents estimaient qu'il ne convenait pas à un jeune homme. Ils avaient peur de me laisser imaginer une vie trop facile, et il y avait trop de tentations qu'ils préféraient éviter à un garçon de mon âge. Je suis donc allé rendre visite à mon père – c'était une journée d'hiver trop froide pour qu'il neige, et je ne portais pas de manteau. Mon père m'a dit : « Mais tu n'as pas mis de manteau ? » J'ai répondu : « Non. » « Mais tu en as des tonnes », a-t-il insisté. Je lui ai expliqué que je les avais donnés. « Mais pourquoi ? tu es fou ? » « Non, non, pas du tout, ai-je répondu. Juste en face de l'hôtel, il y a une boutique qui s'appelle Dorian Gray. Ils ont un pardessus de cachemire bleu marine, coupé comme un peignoir. Je le veux. Et si je ne peux pas l'avoir, je préfère mourir de froid. » J'ai dit à mon père que je ne mettrais pas d'autre manteau que celui-là, que je resterais au lit, sans sortir. S'il voulait que je sorte, il me le fallait absolument. Alors il a traversé la rue et il me l'a acheté.

I.S. : Bien joué, Karl ! Et quel physique aviez-vous à l'époque ? Quel look ?

K.L. : J'étais très, très mince. Mais je voulais avoir des épaules plus larges. Je faisais le même poids qu'aujourd'hui. Pendant très peu de temps, j'ai porté les cheveux plutôt courts. Je les avais eus longs, enfant, et je les ai fait couper parce que j'estimais que, dans les années 1950, c'était ce qu'il fallait. Alors mon père m'a dit : « Va te faire faire des chemises chez Hilditch and Key. Je vais t'offrir un certain nombre de costumes chez Cifonelli, et tu peux te commander des chaussures chez Hellstern. » C'est comme ça que j'ai eu ma première chemise de chez Hilditch. Je suis devenu un de leurs meilleurs clients au monde et je vais encore chez eux aujourd'hui. Je suis comme les femmes qui commandaient des robes de haute couture. Quand j'achète, j'achète. Je suis fou de chemises. Si vous me demandiez ce que j'aurais préféré inventer dans la mode, je vous répondrais la chemise blanche. Pour moi, une chemise, c'est la base de tout – tout le reste passe après. Le moment le plus agréable dans la vie d'un homme, c'est quand il s'habille le matin et qu'il enfile une chemise propre, bien repassée.

I.S. : Ainsi, votre père appréciait l'élégance ?

K.L. : Oui. Il avait son tailleur personnel en Allemagne (Staben à Hambourg). Quand j'ai eu quatorze ans, ce tailleur m'a fait un costume en fil à fil gris avec le premier pantalon long, mais je ne l'aimais pas. À la fin de sa vie, quand il avait près de quatre-vingt-dix ans, mon père ne portait que des couleurs pâles, du gris clair – des chapeaux gris, des costumes gris avec une chemise blanche, et des cravates gris pâle ornées d'une perle. C'était impeccable avec ses cheveux gris. Je le trouvais chic. Mais je ne lui ressemble pas du tout. J'ai une morphologie tout à fait différente.

I.S. : Votre père était mince ?

K.L. : Oui. Peut-être pas cette année-là, mais il a toujours eu une silhouette élancée et pourtant vigoureuse, même à quatre-vingt-dix ans. Vers cinquante, soixante ans, il était un peu plus rond, mais toujours « charpenté ». Il avait le buste court et de longues jambes. J'ai le problème inverse – j'ai un buste plus long et les jambes... je ne dirais pas courtes, mais elles ne sont pas franchement longues non plus. Je ne trouve pas particulièrement chic d'avoir les jambes courtes, mais j'ai toujours apprécié les tailles fines, sans hanches. Je tiens ça de ma mère.

I.S. : Quand vous étiez jeune, votre tenue vestimentaire était-elle toujours irréprochable ?

K.L. : Oui. Mon père et ma mère prenaient grand soin d'eux. Ils disaient toujours qu'il n'y a rien de pire qu'être négligé dès qu'on n'est plus de la première jeunesse. Quand on est jeune, ça peut passer, mais après vingt-cinq ans, il faut commencer à faire attention, et après trente ans, eh bien... J'étais né pour être impeccable, et ils m'ont toujours exhorté à être impeccable.

I.S. : À en juger par vos portraits de l'époque, vous étiez plutôt beau gosse, très glamour.

K.L. : Voilà un mot qu'on n'aurait jamais employé pour un homme à l'époque. Il n'y a plus grand monde qui pourrait vous parler de ce temps-là. Je ne travaillais pas encore vraiment – je sortais le soir, et j'allais danser jusqu'à cinq ou six heures du matin. Je sortais du night-club pour aller presque directement chez Balmain ou Patou. N'oubliez pas qu'à la fin des années 1950, quand on allait danser, c'était pour danser, pas pour se droguer ou boire.

I.S. : Et selon vous, quand avez-vous perdu ce physique irréprochable, cet aspect extrêmement soigné, et qui pouvait tout porter ?

K.L. : Au début des années 1960, ce look n'était plus dans le ton. Trop chic. Mais chez les frères Renoma, rue de la Pompe, on faisait des vêtements aux épaules étroites et avec une coupe tout à fait différente destinée aux minces. Les minets de l'époque, ceux dont on parlait, comme Jacques Dutronc et Johnny Hallyday, étaient très minces, et il fallait être comme eux pour pouvoir porter ces vêtements. Mais, au bout de quelques années, je m'en suis lassé aussi. Alors je me suis laissé entraîner par un ami à faire du bodybuilding. Ce n'était pas vraiment tendance à la fin des années 1960, mais j'avais trente ans et je me suis dit que c'était peut-être une bonne idée. Ça faisait bien sur les plages, et ça correspondait à l'allure qui me plaisait. Alors je m'y suis mis, et j'y ai pris beaucoup de plaisir. Ensuite je suis retourné chez Cifonelli, parce qu'un corps de culturiste a besoin de vêtements très bien cousus, mais aussi d'une certaine ampleur. Ces petites tenues moulantes ne m'allaient plus. De toute façon, j'en avais assez.

I.S. : Est-ce que vous aviez du matériel d'haltérophilie chez vous ?

K.L. : Oh non. Je fréquentais un club du VIIIe arrondissement, où je passais trois heures d'affilée, au moins quatre fois par semaine. Tous les gigolos chics de l'époque s'y retrouvaient l'après-midi. Il fallait qu'ils fassent attention à leur physique pour plaire à leurs clients. C'est drôle, n'est-ce pas ? Mais ce n'était pas un univers gay. Pour la simple raison que ces garçons qui se faisaient entretenir n'étaient pas homos. Il y en avait peut-être quelques-uns, mais dans l'ensemble, si un client était prêt à payer pour avoir un garçon, il n'avait pas envie d'être en concurrence avec d'autres garçons. Ça lui était bien égal de voir le garçon avec une fille le soir – les gigolos rencontraient leurs clients à midi. En revanche, il ne supportait pas l'idée que, pendant qu'il faisait ça avec un garçon, celui-ci pouvait penser à un autre. Alors dès qu'un gigolo avait une histoire avec un garçon – ce qui pouvait arriver –, il fallait qu'il soit vraiment discret, parce que, si son client venait à l'apprendre, il pouvait être sûr de se faire jeter. C'était l'inverse de ce célèbre roman français de la fin du XIXe siècle, *Monsieur Vénus*, de Rachilde. Une situation à la Visconti.

I.S. : La vie semble tellement ennuyeuse aujourd'hui en comparaison.

K.L. : Il ne faut jamais établir de comparaisons. Je connaissais tous ces gigolos, mais je ne faisais pas partie de leur groupe. Ce qui n'empêchait pas un de mes anciens assistants, qui avait alors dix-huit ans, d'être convaincu du contraire. J'étais jeune, je roulais en Bentley et j'étais bien mieux habillé que beaucoup d'autres. Il se demandait évidemment comment je pouvais me payer tout ça. Comme j'évoluais dans l'univers des gigolos, il pouvait penser que j'avais réussi dans le métier !

I.S. : Tout le monde allait au gymnase dans la journée ?

K.L. : Oui. Le meilleur moment, c'était l'après-midi. Je n'avais pas d'ambition à l'époque. Je ne travaillais pas beaucoup – à part la muscu.

I.S. : Enfin tout de même, Karl, vous étiez déjà dans toutes ces grandes maisons de mode.

K.L. : Oui, mais je ne travaillais pas tant que ça. J'étais chez Chloé et Fendi, mais pour Chloé, on faisait deux collections par an, et une pour Fendi, la fourrure seulement ! J'étais chez Krizia aussi, mais il y avait moins de travail. J'ai aussi travaillé pour Charles Jourdan, mais ça me laissait beaucoup de temps pour le reste.

I.S. : Vous, sans doute, vous n'avez pas changé. On a toujours l'impression que vous arrivez à en faire plus que n'importe qui. Mais, dites-moi, le culturisme et la mode de l'époque, ça faisait bon ménage ?

K.L. : À la fin des années 1960, je suis retourné chez Cifonelli parce que j'avais un physique sportif, le genre qu'on voit couramment aujourd'hui. C'était plutôt rare à l'époque, et les vêtements de Cifonelli m'allaient parfaitement. Un jour, en 72 ou 73, je suis allé chez Cifonelli pour un essayage et M. Cifonelli – c'était un tout petit homme – m'a demandé : « Pourriez-vous repasser cet après-midi, je suis un peu fatigué ? » Et l'après-midi, il était mort. Quelle tristesse, c'était un tel génie ! Son neveu a repris l'affaire, mais les vêtements ne tombaient plus sur moi comme avant. Alors je me suis fait faire mes vêtements sur mesure par un tailleur qui les réalisait à partir de mes croquis.

I.S. : Ça vous permettait de concevoir ce que vous vouliez.

K.L. : Oui. Ce tailleur était un très bon exécutant. Et puis un jour, je crois que c'était au début des années 1970, j'étais au gymnase et je me suis rendu compte que ça m'ennuyait à périr. J'ai arrêté. Pour ce genre de choses, il faut se donner à fond, sinon ça ne marche pas. J'ai commencé à prendre du poids. J'ai inventé un vêtement appelé « overblouse » – c'était une chemise très ample avec une écharpe au-dessus d'une deuxième chemise. Je faisais des superpositions d'écharpes et de surblouses. Tout le monde portait ça – Jackie Onassis, Antonio, Julien Clerc que j'habillais à l'époque – , tout le monde.

I.S. : Vous avez inventé ce vêtement parce que vous aviez pris du poids ?

K.L. : Bien sûr. Mais je n'étais pas encore gros. Et puis soudain, vers 1978, je me suis lassé de ce look bohème et de toutes ces improvisations. J'en avais assez aussi d'aller chez ce tailleur je ne sais combien de fois pour essayer le même costume, qui n'allait jamais. J'avais autre chose à faire. J'avais plus de travail, et j'ai eu envie d'aller chez Caracini à Milan. Là-bas, ils m'ont fait des vêtements magnifiques. Je devais peser 80 kilos, 20 de plus qu'aujourd'hui. J'ai continué à aller chez Caracini pendant plusieurs années. C'était au début des années 1980, les années de Monte-Carlo, ces drôles d'années où je devais me mettre en smoking presque tous les soirs. J'avais des tonnes de vêtements de chez eux, parce que j'ai une légère tendance à trop commander. C'est la seule fois à ma connaissance où je me suis fait faire des chemises en Italie chez Battestoni dans des matériaux différents de ceux qu'utilisaient Hilditch and Key. Moins classiques. Ils avaient une batiste arachnéenne, avec de superbes rayures pastel. J'en ai encore quelques-unes. Mon ami Jacques de Bascher allait chez Caracini lui aussi, il était d'une élégance formidable, tout à fait décadent, avec un look très classique. Je n'étais pas aussi classique. J'avais près de quarante ans, et j'ai adopté une allure un peu plus sérieuse. Je n'avais pas envie d'être ridicule. Alors j'ai arrêté d'aller à la plage et j'ai pris un peu de poids. Il n'y a rien de pire que de regarder d'un œil mauvais des vêtements que vous avez envie de porter, mais qui sont certainement trop étroits pour vous. Après être entré chez Chanel en 1983, je me suis dit : « Tu ferais bien de te mettre au régime. » J'ai perdu quelque chose comme 15 kilos, et j'ai pu porter ce que je voulais.

I.S. : Quel genre de régime était-ce ?

K.L. : À peu près le même que celui que je viens de suivre, mais en moins draconien. Tous les produits homéopathiques et les oligoéléments n'étaient pas encore commercialisés. On n'avait même pas inventé toutes les crèmes pour la tonicité de la peau que j'ai utilisées cette fois-ci. Nous avons bien de la chance aujourd'hui. Même certains examens qui permettent de contrôler sa forme physique n'existaient pas encore. Mais les principes du régime étaient les mêmes, et il était déjà assez bien ciblé pour me permettre de perdre mes kilos superflus. Mais je n'ai pas continué. 78 ou 80 kilos pour un mètre quatre-vingts, ce n'est pas si mal.

I.S. : Durant combien de temps avez-vous suivi ce régime-là ?

K.L. : Quatre ou cinq mois, je pense. Ça a très bien marché. Pour les vêtements, c'était parfait. Tout était de nouveau impeccable. Et puis, quand Jacques est tombé malade, j'ai commencé à moins m'intéresser à mon apparence, parce que je savais ce qui allait se passer. J'ai perdu tout intérêt pour moi-même et pour toutes ces futilités. Je me sentais démodé dans mes élégants vêtements italiens sur mesure. J'ai commencé à m'habiller chez Matsuda, Comme des Garçons et Yohji Yamamoto. D'une taille small, je suis passé au medium, du medium au large, puis au XL. Les coupes de ces vêtements conviennent également aux grandes tailles. Mon poids ne me préoccupait pas vraiment. Je n'y attachais pas d'importance. Et puis, dans les années 1990, je me suis laissé aller de plus en plus, parce que j'étais trop occupé. J'avais d'autres priorités – les collections, les maisons de mode, la photo –, je n'étais plus mon centre d'intérêt. Mon narcissisme avait peut-être disparu, ou il était en veilleuse, je ne sais pas. Et puis d'un coup, ça doit faire cinq ans à peu près, je me suis dit : « Tu devrais te regarder de plus près, retravailler ton image. » Mais, avant de changer de look, j'ai fait place nette autour de moi. J'ai vendu tout ce qui était lié à mon passé – parce que aucun avenir ne pouvait s'attacher au témoignage de ce passé. Je ne voulais pas être le conservateur de mon propre passé, ce qui m'a obligé à inventer mon avenir sur le tard. Il m'a fallu trois ans pour me débarrasser, puis entreprendre de me débarrasser de mon poids. Je ne voulais pas entrer dans le nouveau millénaire avec mon ancien physique. C'est dans un esprit tout à fait professionnel que je me suis dit : « Si tu veux continuer à faire ce que tu fais, il te faut un nouveau look. Les temps ont changé, et tu as intérêt à changer, toi aussi, avant de devenir une mauvaise imitation de toi-même. Alors ne pense plus à toi et mets-toi au régime. Tu veux porter les vêtements que tu vois, mais tel que tu es, ces vêtements n'ont aucune allure sur toi.

I.S. : C'est un peu le contraire de l'histoire de Dorian Gray.

K.L. : J'avais été le tableau avant, ou presque.

I.S. : Vous avez eu envie de changer de silhouette parce que vous aimiez celle que vous voyiez dans les collections d'hommes. Ce n'est pas banal !

K.L. : Et pourtant, c'est vrai. À part les grandes chemises, je ne trouvais rien de palpitant dans mon placard. Certains vêtements étaient même devenus un peu étroits. C'est amusant de se réveiller le matin et d'être assez futile pour se demander ce qu'on va porter aujourd'hui. Pourquoi les hommes ne pourraient-ils pas faire ça, eux aussi ?

Après avoir réfléchi à tout cela pendant six mois, je suis retourné chez mon médecin. En fait, j'ai dû en trouver un autre de la même école parce que le précédent était mort. Il avait soixante-seize ans, et je lui en aurais donné soixante. J'ai rencontré le docteur Houdret et, cette fois, les choses se sont passées autrement. En 1983, je n'étais pas allé jusqu'au bout, parce que j'étais satisfait du résultat. Mes vêtements m'allaient très bien et avec ma taille, un homme de mon âge pouvait avoir une allure tout à fait correcte. Là, après avoir perdu les 20 premiers kilos, j'ai remis les vêtements de chez Caracini que j'avais conservés. J'étais flatté de pouvoir porter ce que je mettais quinze ou vingt ans plus tôt, mais ce look n'avait rien de moderne. Je ressemblais à une imitation de mon passé. Je me suis dit : « Ce n'est pas ça que tu veux, il te faut autre chose. » Je voulais quelque chose de beaucoup plus graphique. À mon âge, je n'ai plus besoin d'être un paquet de muscles sexy, merci bien. C'est le moment où il vaut mieux se demander à quoi on ressemble habillé que déshabillé. Je n'ai pas suivi ce régime parce que je me sentais mal ou pour des raisons de santé. Je me portais comme un charme, grâce à Dieu. Je l'ai fait pour pouvoir mettre les vêtements que je voyais. Voilà le miracle. Alors j'ai dit au docteur Houdret : « On continue. » J'ai encore perdu du poids. Quand j'ai recommencé à mettre des jeans, j'ai pris une taille 31 ; j'étais enchanté, je ne pensais plus pouvoir porter ça un jour. Maintenant, je porte du 26. À la fin de mon régime, j'avais perdu 42 kilos. J'ai arrêté de perdre du poids il y a dix mois, mais je continue à respecter une certaine discipline ; il faut consommer certains types d'aliments, renoncer au sucre, à la crème, au riz, manger à des moments bien précis, et ne pas boire, à part des litres et des litres d'eau, de Pepsi Max, du thé le matin et du café fort après le déjeuner.

Maintenant, je préfère le prêt-à-porter, les vêtements qui n'ont pas été créés pour moi. Je ne sais pas pourquoi, mais les modèles de Slimane pour Dior me vont parfaitement. Ces vêtements ont été coupés pour des garçons, mais ils me vont comme s'ils avaient été coupés pour moi. Des vestes taille 46 (à cause des épaules), du 44 pour les pantalons (c'est la plus petite taille française). J'ai encore du mal à le comprendre.

I.S. : J'aimerais savoir combien de temps s'est écoulé entre le moment où vous avez décidé de faire un régime et celui où vous l'avez entrepris pour de bon.

K.L. : Oh, moins de trois jours. Je suis allé voir le médecin tout de suite, mais j'ai dû attendre près d'une semaine pour avoir les résultats de toutes les analyses. Avant de me mettre au régime, il voulait un bilan de santé.

I.S. : Et qu'avez-vous mangé pendant la semaine où vous attendiez les résultats ?

K.L. : J'ai mangé normalement.

I.S. : Normalement, parce que vous saviez que vous alliez commencer ?

K.L. : Non. C'était comme les gens qui attendent de passer sur la chaise électrique ou à la guillotine – on leur sert un bon repas d'abord.

I.S. : Au début, avez-vous trouvé ça compliqué, ou accablant ?

K.L. : Pour moi, un régime sans instructions complexes n'est pas un régime. Il me faut de la discipline pour préparer tous ces petits comprimés à prendre au petit déjeuner, à midi et au dîner. Tant au déjeuner, tant au dîner, faire ceci, faire cela. Les rituels sont essentiels. S'ils ne font pas partie du régime, je n'y crois pas. Cela doit être une sorte de punition, quelque chose que vous êtes obligé de faire – même si cela n'a pas été imposé par vous-même. Ensuite, bien plus tard – au bout de quatre ou cinq mois – , j'ai commencé les traitements pour la peau. Au début, la peau ne risque rien parce qu'il y a suffisamment de graisse dessous. Au bout de quelques mois, j'en ai parlé au médecin. Je lui ai demandé : « Vous ne croyez pas que, si je perds encore du poids, tout ça va dégringoler ? Je voulais parler du visage, mais aussi du reste. Il faut dire qu'il existe aujourd'hui des produits fantastiques pour la peau. On ne les trouvait pas il y a vingt ans. Mais il faut les appliquer matin et soir – ne jamais aller se coucher sans s'être nettoyé la peau et avoir appliqué les crèmes sur le visage et le corps. Aujourd'hui, il faut se nettoyer le visage comme si on était maquillé, simplement pour enlever la poussière. Je me souviens que, quand j'avais vingt-quatre ans, ma mère m'a téléphoné pour mon anniversaire et m'a dit : « Oh, à propos, à partir de vingt-quatre ans, c'est la pente descendante. Alors tu ferais mieux de faire attention dès maintenant. Tu peux faire une croix sur ta jeunesse. » Je ne sais pas pourquoi elle avait choisi vingt-quatre ans, mais je m'en suis souvenu toute ma vie. Je me rappelle exactement dans quelle pièce je me trouvais quand elle m'a appelé.

I.S. : Et après cela, vous avez commencé à prendre vraiment soin de votre peau ?

K.L. : Oui, mais je peux vous l'avouer, je ne lui ai jamais donné raison. Elle n'avait pas les mêmes critères que moi, sans doute. Elle disait des choses qui s'appliquaient à elle comme : « Pas de robe à manches courtes après quarante ans, les coudes ont l'air trop vieux. » De toute ma vie, je n'ai jamais vu ma mère en robe à manches courtes.

I.S. : Est-ce qu'il arrivait à votre mère de suivre des régimes ?

K.L. : Non, elle ne mangeait jamais. Elle a tout de même fait un régime après ma naissance. Elle avait quarante-deux ans et, pendant les dix-huit mois qui ont suivi ma naissance, elle ne s'est pas trouvée assez mince. Dès cet instant, j'ai été constamment tenu pour responsable de son poids, quel qu'il soit. Mais ça m'était bien égal. Je n'avais rien demandé. Elle disait en riant que j'avais assassiné sa jeunesse et sa beauté. Quand elle est morte à quatre-vingt-deux ans, elle portait du 38, taille française. Non, elle n'avait pas de problème de poids. Et si je ne me rappelle pas l'avoir vue manger, je me rappelle fort bien qu'elle en parlait beaucoup. Je ne faisais pas attention à ce que mes parents mangeaient. Je ne déjeunais et je ne dînais pas très souvent avec eux. Et généralement on n'abordait pas de sujets tels que les régimes. La santé n'était pas un sujet non plus. Par contre ils fumaient beaucoup et aimaient les vins et les drinks de leur époque, cocktails...

I.S. : Vous rappelez-vous le premier jour de votre dernier régime ?

K.L. : Je connaissais déjà les menus et les comprimés, alors ça n'était pas vraiment une première. Je crois que la nourriture s'était améliorée – les produits étaient meilleurs. Les gens sont mieux organisés pour faire une cuisine de régime qu'en 1982 ou 1983.

I.S. : Le principe de base, c'est l'absence de corps gras, c'est bien cela ?

K.L. : Exactement. Pas de corps gras. Au début, j'avais un programme hebdomadaire à suivre. C'était plutôt compliqué. Il faut être méticuleux et très organisé. Je me souviens que le menu du dimanche soir, c'était haricots verts et œufs durs. C'est à peu près tout. Il m'arrivait de prendre un morceau de ce pain, que je mange toujours, mais pas systématiquement. Pendant six mois, mon petit déjeuner s'est résumé à deux tranches de pain avec un demi-pamplemousse. Au bout de six mois, je suis passé à deux tranches de pain avec du yaourt à zéro pour cent de matières grasses, que je continue à manger et que j'apprécie beaucoup maintenant. Avant, je n'aimais pas le yaourt, c'était vraiment un problème. Mais je m'y suis habitué et, aujourd'hui, je m'endors en rêvant au yaourt du lendemain matin. Je suppose donc que tout va bien. Et il faut boire beaucoup – c'est ce qui me sauve.

Je bois au moins trois litres par jour. Je peux prendre du thé ou du café. Toute cette eau est destinée à nettoyer l'organisme. Mais je crois que, si j'y suis arrivé aussi facilement, c'est parce que je n'ai jamais fumé, je ne me suis jamais drogué et je n'ai jamais bu beaucoup d'alcool. Autrement dit, il faut être un raseur comme moi pour que ce régime marche. Quand on est ennuyeux comme ça, il faut redoubler d'esprit et de conversation pour compenser.

I.S. : Aurez-vous à suivre ce régime toute votre vie ?

K.L. : Oui. Mais on ne sait jamais. Vous pouvez mourir demain matin ou vivre encore quarante ans, ou plus.

I.S. : Est-ce que vous aviez un calendrier qui vous indiquait combien de kilos vous deviez perdre en combien de temps ?

K.L. : Non. Pas le moindre calendrier. Je n'ai pas de calendrier. Le seul calendrier que je suive est celui des circonstances et de l'envie.

I.S. : Après avoir perdu tout ce poids, vous avez acheté de nouvelles chemises ou vous les avez fait rétrécir ?

K.L. : Oh non, pas de retouches. J'ai de nouvelles chemises que j'ai dessinées moi-même. J'avais envie de ces cols larges et très hauts, d'un look un peu « officier », le genre de chose qu'on ne peut certainement pas porter quand on a un double menton.

I.S. : À quel rythme voyiez-vous le médecin ?

K.L. : Au début, tous les mois, puis tous les deux mois. Maintenant on se parle et on s'envoie souvent des fax, mais la haute surveillance continue...

I.S. : Et, pendant les voyages, ce n'était pas difficile de respecter votre régime ?

K.L. : J'ai essayé de voyager aussi peu que possible pendant la durée de mon régime et surtout d'éviter les longs voyages. Quand on fait un régime, il faut rester chez soi le plus possible. Petit déjeuner à huit heures, déjeuner à treize heures, dîner à vingt heures. C'est très important. Et, pendant le régime, il ne faut surtout jamais rien manger entre les repas. On peut prendre un granulé homéopathique si on a trop faim, mais le secret, c'est huit heures, treize heures, vingt heures et rien entre huit heures du soir et huit heures du matin. Mais on peut boire autant qu'on le veut – on ne boit jamais assez. J'ai perdu quelque chose comme 32 kilos entre novembre et mai. Puis j'ai passé le mois d'août à Biarritz et, quand je suis rentré à Paris, un mois avant les collections de prêt-à-porter, j'étais descendu à 65 kilos. Au moment des défilés, j'en avais perdu 5 de plus, pas à cause du surmenage, mais grâce à une discipline de fer. Et je pouvais à nouveau porter des petites tailles. Il a fallu que je rapporte chez Dior tous les vêtements qu'ils avaient faits pour moi, pour qu'ils les rétrécissent de deux tailles. Il a un moment où on ne peut plus retoucher les vêtements d'homme, parce que ça casse les proportions. Alors il vaut mieux les recouper. Après cela, j'ai décidé d'acheter en prêt-à-porter. J'ai essayé presque toutes les marques existantes et j'ai trouvé que c'était Dior qui m'allait le mieux – je préfère le look et il correspond d'ailleurs à mon ossature, il fonctionne bien avec mes proportions.

I.S. : Et le sport ? Le médecin vous a-t-il conseillé de faire de la musculation ?

K.L. : Oui, mais seulement un quart d'heure, trois fois par semaine. J'ai tendance à devenir un peu costaud, alors je n'exagère pas. Je vis dans un lieu immense, plein d'escaliers, je bouge beaucoup. Je me demande si j'ai vraiment besoin de faire du sport, parce que, quand je danse, j'ai l'impression d'être en caoutchouc. Il n'y a pas un endroit de mon corps qui ne soit pas souple. Tant que ça dure, je n'ai pas tellement envie de m'embêter avec ces haltères. Aujourd'hui, j'ai l'impression que mon corps est comme le vent – quelque chose qui peut se déplacer et ignore ce qu'est la fatigue. Quand j'allais à l'école, je faisais du vélo, de la course, de la natation et, quand je suis arrivé à Paris, je nageais encore beaucoup. Quand j'ai perdu du poids, j'ai retrouvé ma silhouette d'avant vingt ans sans avoir à prendre d'exercice. Aujourd'hui, je suis comme en bois. Essayez de me pincer, vous n'y arriverez pas. Mais je n'ai pas fait ce régime pour qu'on me tripote ni pour être sexy. Je voulais être un bon cintre. Si la mode revient aux vêtements très amples, je pourrai reprendre du poids, mais pour le moment, je n'en ai pas envie.

I.S. : C'est fascinant de penser que vous avez décidé de suivre ce régime au moment précis où une nouvelle mode et une nouvelle silhouette se sont imposées.

K.L. : Je crois que, sans cela, je ne l'aurais pas fait. Ça peut paraître futile, et fort peu politiquement correct. Le problème avec le politiquement correct, c'est que ça devient rapidement très ennuyeux. Ça tourne à la convention, qui représente ce qu'il y a de pire dans l'esthétique bourgeoise. Si vous faites un régime, vous imaginez peut-être que, parce que vous avez consenti cet effort, votre vie amoureuse va changer. Mais la fleur de la jeunesse ne refleurit jamais, même si vous perdez 40 kilos. Pour ma part, je ne voulais rien changer. Faire un régime pour une question vestimentaire, c'est tout autre chose. C'est un besoin superficiel, il n'y a aucune obligation, rien dans votre vie ne dépend de votre régime, à part votre garde-robe. Vous pouvez vous moquer de vous-même si vous avez le sens de l'humour. Il n'y a aucun problème. Il faut le prendre comme un défi sans importance et c'est exactement pour cette raison qu'on y arrive – parce que ça n'a pas vraiment d'importance. Vous n'avez pas besoin de perdre du poids, c'est vous qui le voulez.

I.S. : C'est une forme de liberté, alors.

K.L. : Dès l'instant où vous êtes obligé de faire un régime, ou bien où vous pensez devoir le faire, vous êtes paralysé, obsédé. Moi, je ne me pesais que tous les quinze jours. Si on se pèse trop souvent, ça tourne à l'obsession. Il peut arriver que les gens qui suivent un régime prennent un kilo. Ils se fustigent littéralement et s'imaginent avoir perdu la bataille. Mais ce n'est pas vrai.

I.S. : Que souhaiteriez-vous ajouter encore ?

K.L. : Je pense qu'il faut savoir rire de soi. Pour suivre un régime comme ça, il est essentiel d'avoir le sens de l'humour. Ne prenez pas les choses trop au sérieux, moquez-vous de vous-même, admettez les raisons pour lesquelles vous le faites. C'est un truc physique, un point c'est tout. Inutile d'essayer d'en faire autre chose et de tout compliquer. Il faut vous donner des ordres comme à une jeune recrue à l'armée. Vous êtes à la fois votre officier et votre soldat. Le général dit ce qu'il veut du soldat ; comment il doit se conduire, ce qu'il doit faire. Si on reste fidèle à son moi physique et à son moi mental, je pense que ça peut marcher. Voilà le secret. C'est comme ça que j'ai abordé mon régime. On est général et on a devant soi une armée d'un seul soldat. On doit lui donner des instructions et il doit les exécuter. Ça peut l'ennuyer, mais il n'a pas le choix.

I.S. : Avec cet état d'esprit, j'imagine que vous n'avez jamais été tenté d'arrêter.

K.L. : Jamais. Pour moi, c'était un jeu et j'étais bien décidé à gagner. Je ne joue jamais en me disant que ça m'est égal de perdre – il faut gagner. Je sais bien qu'en sport, on gagne ou on perd, mais là, il ne s'agissait que de gagner. Sinon, ce n'était pas la peine. Un régime est le seul jeu où vous gagnez en perdant.

I.S. : Que dit-on de votre nouvelle silhouette dans le monde de la mode ?

K.L. : Certains croient que je me suis fait faire de la liposuccion, que je me suis fait opérer, ou que je suis malade. Ils préfèrent penser ça. J'ai vu des gens qui ont eu recours à la liposuccion, et je peux vous dire que je n'en veux pas. J'ai horreur des opérations, je préfère ne pas y penser. Je ne tiens pas à avoir un visage de bébé, ni à ressembler à un minet de vingt ans. Ce que je voulais, c'était cette silhouette et une peau lisse. Je ne sais pas pourquoi ça a marché ni en quoi ça m'a aidé, mais le résultat est le fruit de cette combinaison. Je n'aurais jamais imaginé pouvoir perdre 42 kilos et retrouver la taille d'un *model* de dix-huit ans.

I.S. : Pensez-vous qu'il soit important, dans le monde de la mode, d'être aussi impeccable que vous l'êtes aujourd'hui ? Je n'ai pas envie d'employer le mot de pouvoir avec vous, parce que vous êtes tellement au-dessus de cela.

K.L. : Je déteste le pouvoir, j'en déteste l'idée, l'attitude qu'il suppose. Je refuse d'incarner un pouvoir qui menace autrui ; pour moi, c'est la pire chose qui soit dans la vie. Les choses doivent se faire naturellement. Quand un homme qui a quarante kilos de plus que moi parle de mode, il peut en parler et il peut s'y intéresser parce qu'il n'a pas à porter ces modèles. Mais il se trouve que dans le monde où nous vivons, si vous êtes trop éloigné de votre sujet, les gens peuvent légitimement se demander si vous savez de quoi vous parlez. Ils disent : « Il parle, il parle, mais regarde à quoi il ressemble – de quel droit martyrise-t-il ces pauvres femmes pour leur faire porter ce genre de vêtements, alors qu'il ne fait aucun effort ? » J'ai dû accepter la personne que j'étais pour que tout continue à fonctionner. J'ai aussi dû me réinventer pour stimuler les gens avec qui je travaille. Je suis fatigué de ce look du vendredi, de ce *sportswear*. Ça va peut-être bien aux jeunes, mais après trente-cinq ans, je ne suis pas sûr que ce soit l'idéal.

I.S. : Je suppose que les gens continuent à vous parler beaucoup de votre perte de poids.

K.L. : C'est vrai, et la plupart trouvent que c'est réconfortant. Mais ceux que ça rebute le plus sont les hommes de mon âge. Ils ont du mal à me pardonner d'être redevenu ce que j'étais à dix-huit ans – en tout cas de loin... Les seuls à me dire « Vous êtes trop maigre » sont les gros ou ceux qui souffrent d'embonpoint. Personne de mince ne me l'a jamais dit. Je ne suis pas maigre, je suis mince, très mince.

L'abstraction n'a jamais été particulièrement mon fort, mais j'y suis arrivé, je me suis rendu complètement abstrait. Je me suis détaché de moi-même, de mon moi physique et de mon cerveau. Je ne sais pas si c'est un bon système, mais cette fois, j'ai réussi à faire quelque chose dont je ne me savais même pas capable – dissocier complètement ma tête et mon cerveau de mon moi charnel. J'ai manipulé mon corps avec mon cerveau, comme si c'était quelqu'un d'autre. Mon cerveau ne s'occupait pas des problèmes physiques de mon corps.

I.S. : Vous arrive-t-il de penser à certains aliments que vous adoriez, comme un sandwich à la truffe ?

K.L. : Non.

I.S. : Je vous vois sourire. Pourquoi ?

K.L. : Voyez-vous, j'aimais bien les hot-dogs et les crêpes qu'on vend dans la rue. Et l'autre jour j'en ai goûté, mais je n'aime plus ça.

I.S. : Alors c'est toute votre relation à la nourriture qui a changé ?

K.L. : Oui, en effet. C'est comme quand vous avez adoré quelque chose trente ans plus tôt. Vous le revoyez plus tard et vous vous demandez ce qui vous a tant plu. J'aime l'odeur du chocolat, mais je n'ai jamais tellement aimé en manger. J'aime l'odeur du chocolat et celle du café. C'est pour cela qu'il y a du chocolat dans les pièces où je vis. Il n'est pas destiné à être mangé, ce qui ne veut pas dire que vous ne pouvez pas vous servir. Par ailleurs, il s'harmonise bien avec la couleur de ma maison de Biarritz ; elle est brun chocolat. Et puis il y a les célèbres « Rochers de Biarritz », et les caramels au chocolat de Dodin. Ils n'existent qu'ici et j'en envoie dans le monde entier pour pousser les autres au crime.

I.S. : C'est génial de considérer le chocolat comme un article de décoration.

K.L. : Vous savez ce que j'ai fait, au début de mon régime ? Je mangeais quelque chose, mais je le gardais en bouche et je le recrachais. Ça permet d'avoir le goût, sans les calories. J'ai arrêté de faire ça depuis longtemps, mais c'est un bon moyen d'éviter la frustration. Pour moi, le comble du luxe, c'est de prendre une tranche de pain grillé supplémentaire. C'est la chose la plus délicieuse au monde.

I.S. : J'ai remarqué qu'au dîner vous preniez un toast en dessert.

K.L. : Oui. Je peux faire ça maintenant que je n'ai plus à perdre de poids. C'est très simple à présent, je me pèse tous les jours, ou tous les deux jours. Tant que j'en suis à 60 kilos ou 2 grammes de plus, tout va bien. Dès que je descends à 59, j'ajoute un peu de pain, parce que je ne veux pas passer au-dessous de 60.

I.S. : Qu'avez-vous éprouvé quand vous avez enfilé cette première paire de jeans moulants, une sensation extraordinaire ?

K.L. : J'avais oublié le toucher de cette matière, alors je ne peux pas dire qu'au début, j'aie adoré être en jean. J'aime les étoffes plus souples, même si je n'en porte plus très souvent. Mais quand ça m'arrive, je fais très attention à ce que je mets avec. Porter un jeans peut vouloir dire « ce type essaie d'être sexy ». Je ne tiens pas à être sexy. Ce n'est pas que je ne me trouve plus assez jeune, c'est surtout que ça ne correspond pas à ce que je veux être. En un sens, je suis sans âge, je n'appartiens à aucune génération. C'est quelque chose qui m'a sauvé. Je vois même des gens beaucoup plus vieux que moi. Les hommes de ma génération. Ils sont profondément déprimants, parce qu'ils essaient de me faire croire qu'ils ont encore beaucoup de succès. Cela m'est bien égal. Ça ne m'intéresse pas. Cela ne m'ennuie pas de vieillir et d'avoir des rides. Je ne tiens pas à être jeune et mignon, mais il y a une attitude qui me paraît bonne et que mon père avait encore à quatre-vingt-dix ans. Cela ne veut pas dire que je ne changerai pas d'avis mais, dans ce cas, ça signifiera que l'esprit a sommé la marionnette d'y aller. Un jeans moulant, une chemise blanche – si possible une chemise de smoking – et une veste noire courte et étroite : pour les gens, ce look est visuellement tellement lié à ma personne que c'est à peine si j'ose encore me montrer dans la rue. C'est tout juste si je n'ai pas l'impression d'être ma propre imitation.

I.S. : Revenons-en à la manière dont vous avez suivi ce régime.

K.L. : Je me suis mis en pilote automatique, comme un avion. Il n'y a pas eu un instant où j'aie douté des résultats, même s'ils étaient lents à se manifester. L'imagination est capable de transformer toutes les formes d'aliénation personnelle en éléments d'autocréation, et il faut s'en servir. Voilà également ce que je voudrais faire comprendre aux lecteurs. Le poids est un vrai problème dans le monde d'aujourd'hui. C'est peut-être matérialiste, mais si vous êtes honnête avec vous-même, vous admettrez que la vie n'est pas seulement influencée par l'esprit et la raison. Il est parfaitement raisonnable d'accorder une importance majeure à l'apparence d'une personne (surtout dans le monde où nous vivons) ; le reste pourra s'exprimer plus facilement. Il ne s'agit pas seulement de vanité – encore que la vanité puisse servir de motivation. C'est l'imagination appliquée au superficiel utilisée d'une manière créative, productive. Finalement, c'est aussi une question de conservation de soi. Penser que l'apparence ne compte pas aujourd'hui est un mensonge. Elle permet de vivre en harmonie avec soi-même. Un régime n'a pas besoin d'explication philosophique ni de tous les prétextes derrière lesquels les gens se croient souvent obligés de se retrancher. Un régime peut nous aider à découvrir ou à définir notre vraie personnalité. Nous sommes ce que nous étions – et non ce que nous sommes devenus. Le retour est soudain possible, avec un nouveau départ, différent et encourageant. Ce n'est pas parce que vous êtes malheureux qu'il faut commencer un régime. Mettez-vous au régime avant d'être mécontent de vous. Ne cherchez pas votre équilibre mental dans le regard des autres. Le résultat de mon régime est très gratifiant, suffisamment gratifiant pour entreprendre ce voyage. Il a été peut-être long. Mais il m'a conduit où je voulais aller – où je n'espérais plus pouvoir y arriver un jour – quarante ans plus tard, sans épuisement ni fatigue.

Antonio Lopez / carnegie hall studios 1001 / new york city

LE RÉGIME

Ma méthode d'amaigrissement

Science sans conscience n'est que ruine de l'âme.

RABELAIS, Pantagruel (Chapitre VIII)

En guise d'introduction...

... et pour illustrer mon propos, quelques chiffres.

Pour estimer le degré d'obésité d'un patient, les médecins se réfèrent entre autres à un indice, dit de masse corporelle (IMC), qui exprime le nombre de kilogrammes au mètre carré d'un individu donné. Pour les adultes, la valeur normale de l'IMC est grosso modo comprise entre 19 (en deçà, la personne est trop maigre) et 25 (au-delà, elle est trop grosse). L'IMC du modèle féminin actuel – j'ai nommé le mannequin – est approximativement de 17.

L'obésité est en constante aggravation dans les pays industrialisés. Aux États-Unis, quelque 50 % de la population est en surpoids (IMC supérieur à 25). Quant à l'obésité proprement dite (qui correspond à un IMC de 30 et plus selon la définition médicale la plus répandue), elle concerne, pour ne citer que quelques chiffres, près d'un homme sur dix et plus d'une femme sur six en Europe du Nord, plus d'un homme sur six et une femme sur trois en Europe méridionale. Aux États-Unis, ce sont près d'un homme sur six et plus d'une femme sur quatre qui sont obèses (avec d'importantes disparités communautaires). Ce problème de santé publique a un coût non négligeable, qu'il soit direct (dépenses de santé) ou indirect. Car l'obésité favorise ou majore des affections graves, au premier chef desquelles les maladies cardio-vasculaires et le diabète, mais aussi d'autres pathologies moins connues mais non sans incidence sur la santé telles que les apnées du sommeil ; il faut aussi compter avec ses conséquences psychologiques, la dévalorisation de soi et même l'état dépressif dont elle peut être responsable. Corollaire de cet état de santé physique et mental défaillant, une moindre efficacité, voire des journées de travail perdues. L'obésité est donc loin d'être sans conséquences sociales.

L'Occidental vit de nos jours de plus en plus vieux, dans un monde en apparence de plus en plus permissif, mais en fait de plus en plus exigeant : pour avoir sa place dans la société, l'homme comme la femme se doivent d'être actifs, beaux, et surtout jeunes – donc *minces*. Et même beaucoup trop minces, si l'on considère les valeurs mentionnées plus haut. Les gros, de plus en plus nombreux pour une kyrielle de raisons qui seront évoquées plus loin, sont paradoxalement les mal-aimés de notre temps. Rejetés, insultés parfois, sujets à la discrimination, ils ont plus que les autres des difficultés à obtenir un emploi, à trouver leur place en société. On les isole, quand ils ne finissent pas par s'isoler d'eux-mêmes. Le gros n'est plus dans le coup.

La jeunesse, l'argent, la minceur, la conformité aux standards de la mode, aux standards de la pensée, une apparente décontraction, voici les piliers sur lesquels repose notre société à l'aube du troisième millénaire.

Comment s'accommoder de ce contexte, tirer son épingle du jeu pour affronter l'existence avec ses avantages et ses inconvénients, et vivre pleinement sans pour autant obéir aux diktats des apparences ? En somme, comment s'accepter (éventuellement avec quelques rondeurs bien passées de mode) sans s'empêtrer dans le jeunisme à tout prix ni brandir la maigreur en guise de viatique ?

Pour vivre bien et longtemps, il est certes primordial de se maintenir en bonne santé. Prendre soin de sa peau, se soumettre pourquoi pas à la chirurgie esthétique, à un traitement hormonal, surveiller son poids et en perdre si nécessaire... Les traitements médicaux et chirurgicaux actuels ont largement fait les preuves de leur efficacité. Mais sans *volonté,* sans *conscience*, toutes les molécules du monde, toutes les techniques fussent-elles les plus sophistiquées ne produiront qu'un résultat médiocre et surtout passager. Maintenir ou recouvrer une apparence, un poids et une forme satisfaisants nécessite de mobiliser son énergie, de réfléchir au rapport que l'on entretient avec les autres, avec son propre corps, à son mode personnel de gestion du stress, des frustrations, du plaisir, du désir... et d'être prêt à changer, parfois profondément.

Nous ne sommes certes pas tous égaux en matière de propension à la prise de poids. Mais en matière d'amaigrissement, quelles que soient votre histoire et votre hérédité, c'est dans cette prise de conscience et cette volonté que réside la clé du succès. Je peux, bien sûr, vous aider à perdre du poids ; ma méthode et le programme d'amincissement Spoonlight, qui en est dérivé, ont été pensés pour vous aider et vous soutenir dans cette véritable conquête sur soi que constitue une cure d'amaigrissement. Mais sans participation active de votre part, n'espérez aucun résultat durable.

Ne commencez pas mon programme pour faire plaisir à votre conjoint ou à votre entourage ou parce qu'on vous y a obligé. Commencez-le parce que vous l'avez décidé. C'est alors, seulement, qu'il pourra vous aider à faire le chemin...

Jean-Claude HOUDRET

Qu'est-ce que l'obésité ?

La définition médicale de l'obésité

Selon l'Organisation mondiale de la santé (OMS), l'obésité est « un excès de masse grasse entraînant des conséquences néfastes pour la santé ». Cet excès de tissu graisseux peut être réparti sur l'ensemble du corps, mais il prédomine généralement :
- soit au niveau des cuisses, du ventre, du bassin et des seins (obésité dite gynoïde, qui touche le plus souvent les femmes) ;
- soit au niveau de l'estomac, du dos, des épaules et du cou (obésité dite androïde, qui touche le plus souvent les hommes) ;
- il existe également une obésité dite viscérale, qui siège à l'intérieur de l'abdomen, autour des viscères.

L'obésité gynoïde, pour peu esthétique qu'elle soit, comporte peu de risques pour la santé. En revanche, l'obésité androïde et l'obésité viscérale constituent des facteurs favorisant des maladies cardiovasculaires, de l'hypertension et du stress.

Au sens médical du terme, l'obésité est donc bel et bien une maladie. Au plan social, c'est une autre affaire...

Obésité médicale, ou obésité sociale ?

La notion même d'obésité est souvent subjective car elle peut dépendre de l'appréciation que chacun a de son propre corps. Telle personne se sentira bien dans sa peau à tel poids pour telle taille, alors quelle autre, qui pèse exactement le même poids pour la même taille, se considérera comme obèse et n'aura de cesse d'avoir perdu les kilos qu'elle juge superflus.

Souvent, des critères esthétiques de mode interviennent dans l'estimation que chacun fait de son aspect, et la comparaison avec les modèles donnés par les médias est déterminante. On veut ressembler le plus possible aux modèles en vogue, et il se trouve que, depuis une cinquantaine d'années, ces modèles sont minces, voire maigres. Aussi, nombreuses sont les personnes, tout particulièrement les femmes, à se juger (ou à l'être par leur entourage) trop grosses, là où un médecin parlerait de poids normal. À l'inverse, bien des femmes occidentales seraient considérées comme (beaucoup) trop maigres outre-Méditerranée, même si les canons occidentaux ont largement commencé d'y pénétrer les esprits via la publicité et les sitcoms déversés par la télévision.

En dernier ressort, les scientifiques n'échappent pas aux modes lorsqu'ils tentent de définir le poids idéal. Ainsi, la norme nord-américaine a considérablement chuté depuis la Seconde Guerre mondiale concernant le poids des femmes, alors que le poids idéal masculin est pratiquement demeuré identique.

Êtes-vous trop gros ?

Pour diagnostiquer la gravité d'une obésité, les médecins recourent à plusieurs méthodes, dont la plus courante est l'indice de masse corporelle (IMC), que j'ai mentionné plus haut. Ce calcul consiste à diviser le poids en kilos par la taille en mètres au carré.

Exemple : calcul de l'IMC pour une femme pesant 68 kilos pour une taille de 1,65 :
$$IMC = 68 : (1,65)^2 = 68 : 2,2 = 25.$$

- Un poids, pour être considéré comme normal doit être compris entre 19 et 25 kg par m^2 (IMC compris entre 19 et 25).
- Entre 25 et 30, on parle de surpoids ;
- entre 30 et 40, on parle d'obésité sévère ;
- au-delà de 40, d'obésité morbide.

D'autres paramètres doivent entrer en ligne de compte pour estimer le degré de surpoids. Ainsi, une personne dotée d'un gros squelette pèsera plus qu'une personne ayant un squelette léger, sans que la première soit pour autant trop grosse. D'après le volume des articulations du poignet et de la cheville, on peut avoir une bonne idée de la qualité du squelette, car les grosses articulations vont de pair avec les os lourds, et les articulations menues avec les os légers. En cas de doute, on ne risque guère de se tromper de beaucoup en prenant l'option moyenne.

Par ailleurs, le médecin pourra recourir à d'autres techniques pour affiner son diagnostic, notamment le calcul du rapport taille-hanche, la mesure de l'épaisseur du pli cutané, et surtout l'impédancemétrie, technique à laquelle je fais appel et qui permet, à l'aide d'un appareil spécifique, de mesurer le pourcentage de masse grasse (il existe aujourd'hui sur le marché des pèse-personnes électroniques dotés d'un dispositif calculant la masse grasse en même temps que le poids). La norme est la suivante :

- hommes = 10 à 19 % ;
- femmes = 20 à 29 %.

En résumé, le bon poids se situe en règle générale près du poids idéal mentionné dans le tableau reproduit à la fin du livre (p. 248-249). Mais en réalité, c'est celui où l'on se sent bien, et tant pis s'il est supérieur de quelques kilos au poids idéal ! Toutefois il faut que ce surpoids éventuel soit médicalement bien supporté, et qu'il n'entraîne aucun désagrément ni désordre de santé. Dans le cas contraire, mieux vaut obtempérer aux ordres de votre médecin s'il préconise une cure amaigrissante.

Le cas des enfants

Chez l'enfant, la définition de l'obésité se heurte à des difficultés spécifiques. En effet, les variations physiologiques de l'adiposité au cours de la croissance ne permettent pas de définir une valeur de référence unique. De plus, on manque de données épidémiologiques prospectives suffisantes pour situer à moyen et à long terme les risques liés à l'excès de poids dans l'enfance.

Le comité d'experts de l'Organisation mondiale de la santé recommande l'utilisation de courbes d'indices de masse corporelle en fonction de l'âge pour chaque population. En l'état actuel des connaissances, l'obésité de l'enfant peut se définir par des valeurs supérieures au 97e centile de la distribution de l'indice de masse corporelle pour une classe d'âge.

La constitution de l'obésité : tous inégaux !

La constitution d'une obésité passe par deux phases :
- Une phase dynamique, au cours de laquelle l'obésité apparaît, ce qui traduit un bilan énergétique positif (plus de calories consommées que de calories dépensées). Schématiquement, on distingue les obésités de constitution précoce, qui surviennent dès l'enfance, voire dès la petite enfance, et les obésités constituées à l'âge adulte (généralement avant quarante-cinq ans). La durée de cette phase est très variable d'une personne à l'autre, et peut aller de quelques mois à plusieurs années.
- Une phase statique où la personne, devenue obèse, maintient son poids en plateau tant qu'elle ne réduit pas ses apports énergétiques. Lors de cette phase, où le poids se stabilise à un niveau excessif, le bilan d'énergie est de nouveau équilibré (autant de calories consommées que de calories dépensées). Ultérieurement, et en l'absence de traitement, la tendance spontanée est à l'aggravation progressive sur des années.

Quant aux causes, elles sont nombreuses et très variables d'une personne à l'autre.

Un déséquilibre apport-dépense énergétique

En premier lieu, on peut évidemment devenir obèse parce que l'on mange trop, que l'on absorbe trop de calories par rapport aux besoins de l'organisme. Les calories en excédent sont alors stockées sous forme de graisse dans les cellules graisseuses, ou adipocytes, qui se comportent comme de véritables éponges (elles gonflent en période de grossissement et se dégonflent en période d'amaigrissement). Les facteurs alimentaires peuvent également intervenir au niveau qualitatif : un excès de consommation de sucres rapides se solde par le stockage de ces sucres sous forme de graisse, sauf s'ils sont immédiatement dépensés.

Le corps possède trois modes de dépenses énergétiques :

- Le métabolisme de base, c'est-à-dire ce dont le corps a besoin pour fonctionner, notamment pour maintenir en état de marche sa masse maigre (c'est-à-dire ses muscles), soit 70 % des dépenses énergétiques.
- L'activité physique : 20 % (avec des variations importantes selon qu'il s'agit d'une personne sédentaire ou se livrant quotidiennement à une activité physique importante, cas des travailleurs de force par exemple).
- L'énergie dépensée pour digérer les aliments, les assimiler et les stocker (thermogénèse) : 10 % (ce qui signifie que sauter des repas n'est pas la solution en matière d'amaigrissement).

De ce processus découle une conclusion qui éclairera et déculpabilisera bien des personnes ayant en vain essayé de maigrir :

- concernant les dépenses énergétiques de base : chez une personne obèse, la masse maigre est plus importante que chez un sujet mince. Elle mange donc plus que cette dernière sans pour autant continuer à grossir, tout simplement pour maintenir sa masse maigre ;
- en matière d'activité physique : un obèse dépense plus de calories qu'un autre, du fait de l'effort plus important qu'il fournit pour se déplacer ; aussi une même activité physique fait-elle proportionnellement davantage maigrir un sujet gros qu'un sujet mince.

Voilà résumée toute la difficulté qu'il peut y avoir à maigrir durablement lorsque l'on est trop gros.

Glucides, lipides et protéines

Notre organisme puise son énergie dans l'oxydation de trois nutriments énergétiques, d'origine organique, tous trois essentiels à notre santé : les glucides (ou hydrates de carbone), les lipides (ou graisses) et les protéines. L'énergie est fournie par la combustion du carbone qui provient de l'alimentation, et en particulier des sucres, aussi appelés hydrates de carbone, et de la synthèse de l'eau, grâce à l'apport d'oxygène par les poumons. L'unité de quantité d'énergie contenue dans les aliments ou dépensée par le corps est la calorie.

Les glucides

Un gramme de glucide fournit 4 calories. Les glucides constituent la source d'énergie par excellence, leur digestion aboutissant plus ou moins rapidement au glucose : au moment du repas, le glucose est stocké dans le foie sous forme de glycogène ; entre les repas, le foie libère progressivement ces réserves. Une grande partie du glucose circulant sous forme de glycogène pénètre dans les cellules adipeuses où il est transformé en graisse, et dans les muscles, qui le stockent pour en disposer ensuite suivant les besoins. Seule une fraction du glucose pénètre immédiatement dans les cellules pour être oxydée en gaz carbonique et en eau, comblant ainsi les besoins en énergie.

Les glucides se classent en deux catégories : les glucides simples, d'absorption rapide (glucose dans le miel, fructose dans les fruits, galactose dans le lait, saccharose, lactose et maltose) ; les glucides complexes ou sucres lents (ainsi nommés car ils doivent être préalablement scindés en sucres simples pour être absorbés).

Les sucres simples, encore dits « sucres rapides », fournissent une énergie rapidement disponible, mais sont dénués de minéraux et de vitamines et n'apportent que des calories glucidiques. Ce sont essentiellement le sucre et tout ce qui en contient : sodas, bonbons... Ils favorisent la prise de poids car ils stimulent la sécrétion d'insuline, une hormone fabriquée par le pancréas nécessaire à la formation du glycogène dans le foie et les muscles. Sans elle, la synthèse des graisses à partir du glucose est impossible. L'insuline permet aussi l'entrée des acides aminés dans les cellules, et stimule par là même la synthèse des protéines.

Les sucres dits « lents » (que l'on trouve dans le riz, la semoule, les céréales, les pommes de terre, les pâtes, le pain) fournissent une énergie moins rapidement disponible, mais apportent également des protéines, et renferment des glucides indigestes, comme la cellulose, utile pour le transit intestinal. Certaines fibres (notamment celles des carottes et des flocons d'avoine et la pectine des pommes) participent en outre à l'évacuation du cholestérol, et sont donc bénéfiques pour lutter contre les maladies cardiovasculaires.

Les lipides

Un gramme de lipides fournit 9 calories. On en distingue deux catégories : les graisses saturées (provenant d'aliments d'origine animale) et les insaturées (provenant d'aliments d'origine végétale ou marine).

Les lipides sont utiles pour lutter contre le froid et participent à de nombreuses réactions chimiques. On les trouve dans le beurre et l'huile, mais la plupart des aliments en contiennent : viandes rouges, jaune d'œuf, charcuteries, etc.

98 % des lipides comestibles sont des triglycérides, dont il existe plusieurs sortes (les plus digestes étant celles qui sont solubles dans l'eau). Quant au cholestérol, c'est un corps gras organique présent dans toutes les cellules du corps, qui est à l'origine des hormones sexuelles, de la cortisone et des sels biliaires. Notre foie le synthétise ; il n'est donc pas nécessaire d'en consommer.

Les protéines

Un gramme de protéine fournit 4 calories d'énergie. Les protéines sont faites d'acides aminés, associés de différentes façons (il existe donc toutes sortes de protéines). Les principales sources de protéines sont les viandes et les poissons.

Parmi tous les acides aminés, il en existe qui sont indispensables à la vie car ils interviennent dans les mécanismes de combustion des nutriments, en particulier au niveau du foie. Ce sont les acides aminés essentiels (lysine, phénylalanine, thréonine).

Les facteurs héréditaires

On peut être trop gros tout simplement parce que ses parents l'étaient. Cette prédisposition génétique fait que, à rations caloriques égales, certains grossissent alors que d'autres conservent un poids stable[1]. Ce facteur héréditaire n'est pas seul en cause (il est donc faux de prétendre en simplifiant à l'excès que l'obésité est une maladie génétique) ; il existe une interaction entre des gènes de prédisposition à l'obésité et des facteurs liés à l'environ-

---

1. De célèbres expériences menées sur des prisonniers sont éloquentes : soumis à un régime hypercalorique (plus de 10 000 calories par jour), certains prirent significativement du poids, d'autres non ; or, ceux qui grossirent avaient des antécédents familiaux d'obésité (Sims, *Endocrine and Metabolic Effects of Experimental Obesity in Man*, 1973).

nement, comme des habitudes alimentaires familiales, fréquemment excessives dans les familles d'obèses.

Or, les gènes de l'obésité sont répandus en Occident, cette fréquence résultant d'un processus de sélection naturelle ayant favorisé la survie d'individus capables plus que les autres de stocker les graisses et d'endurer de fréquentes disettes. Ce qui fut longtemps un avantage s'est commué depuis quelques décennies en handicap.

Un déséquilibre alimentaire dans l'enfance

On peut devenir obèse parce que l'on a eu une alimentation mal équilibrée dans l'enfance, comportant un excès de calories et souvent trop de sucre. En effet, l'enfance et l'adolescence sont les périodes pendant lesquelles les cellules graisseuses ont le pouvoir de se multiplier – pouvoir qu'elles perdent plus tard. En cas de suralimentation, cette multiplication devient excessive, et conduit à une augmentation anormale du nombre des adipocytes pour la vie entière. À l'âge adulte, une personne qui a été suralimentée étant enfant présentera une grande facilité à grossir, en raison du nombre excessif des adipocytes qu'elle détient depuis l'enfance.

Des causes déclenchantes

Chez des personnes qui y sont prédisposées, certains événements de la vie peuvent être à l'origine d'une obésité.

- Le stress, qu'il découle d'une modification importante des conditions de vie (deuil, divorce, chômage, mutation lointaine, etc.), d'agressions physiques (accident, intervention chirurgicale) ou d'une frustration (situation personnelle ou professionnelle ne correspondant pas aux attentes de la personne, ennui...) entraîne fréquemment, en réaction, des modifications du comportement alimentaire, sous forme de boulimie ou de grignotage incessant. La quantité calorique journalière absorbée devient supérieure aux besoins réels et il y a constitution de réserves graisseuses. Tout se passe comme si la zone du cerveau chargée de réguler le « thermostat » du poids et de l'appétit se déréglait sous l'effet du stress.

Il n'est pas rare de voir une dame âgée, veuve depuis peu, prendre 5 kilos et plus en quelques mois – alors qu'elle avait passé des années auparavant, et sans prendre un gramme, le cap réputé périlleux de la ménopause –, en raison de compulsions alimentaires dans lesquelles elle noie son chagrin et son désœuvrement. Il est tout aussi fréquent de rencontrer une personne ayant gagné un confortable embonpoint après une fracture l'ayant temporairement réduite à l'inaction ; dans ce cas, la cause de la prise de poids est double, car au grignotage de compensation s'allie une moindre dépense calorique due à l'immobilisation.

- Certains changements de vie (mariage, maternité, réussite sociale) sont souvent, sans pour autant constituer une source de stress, des causes de prise de poids. Le rythme de vie change, on fait de moins en moins de sport car on a de moins en moins de temps, on s'installe, on mange mieux car on est plus riche, et plus régulièrement car on est en famille. Peu à peu, l'apport calorique journalier augmente et excède de plus en plus les besoins caloriques journaliers – qui vont quant à eux diminuant, du fait de la diminution de l'activité physique.

C'est le cas plus que classique – même s'il tend à passer de mode dans les grandes villes – de l'homme ventripotent dans lequel, après quelques années de mariage, l'épouse a bien du mal à retrouver le svelte et fringant Apollon qu'elle avait épousé ! Ou celui de la femme qui, passé la naissance de ses enfants, se « laisse aller », estimant que l'heure n'est plus à la séduction mais au maternage, au grand dam de son compagnon...

- L'interruption d'une activité sportive intense débouche fréquemment sur une prise de poids, parfois très importante, car le besoin calorique diminue alors que, le plus souvent, l'ancien sportif conserve ses anciennes habitudes alimentaires, d'où la prise de poids : lorsqu'il dépensait 4 000 à 5 000 calories par jour en faisant du sport, il avait besoin d'une alimentation abondante qui lui apporte au moins l'équivalent. L'activité sportive disparue, l'habitude demeure d'une alimentation pantagruélique...
- L'arrêt du tabac est une cause fréquente de déclenchement de la prise de poids, ce pour trois raisons : il y a souvent un phénomène de compensation qui pousse à porter à la bouche un bonbon à la place de la cigarette ; la consommation de tabac entraîne une dépense supplémentaire d'environ 8 calories par cigarette, soit 160 calories par paquet de cigarettes fumées ; enfin, la nicotine agissant sur l'organisme en diminuant la sensation de faim, l'arrêt de l'intoxication tabagique donne libre cours à l'appétit. Il est donc prudent de surveiller son alimentation lorsqu'on arrête de fumer.
- Chez les femmes, les épisodes de la vie hormonale (puberté, grossesse, ménopause) sont souvent l'occasion d'importantes prises de poids. Toutefois, toutes les femmes ne sont pas concernées, l'hérédité jouant un rôle essentiel dans la survenue de ce type d'obésité.

L'appétit, une affaire cérébrale

C'est grâce à notre cerveau que nous savons si nous avons faim ou si nous sommes rassasiés. Les centres chargés de la régulation de l'appétit siègent très exactement dans l'hypothalamus, et les neurotransmetteurs chargés de « l'information » de ces centres sont la dopamine, la sérotonine, l'adrénaline et la noradrénaline. Cela permet d'expliquer le mécanisme d'action des amphétamines, qui ont entre autres la propriété de couper radicalement l'appétit : elles augmentent la libération de dopamine et d'adrénaline au niveau du centre de la faim, ce qui entraîne son inhibition.

Des facteurs socioculturels

Dans les pays occidentaux, l'incidence de l'obésité est inversement proportionnelle au niveau de revenu : les pauvres sont en règle générale plus gros que les riches. Cette situation trouve son origine dans des habitudes alimentaires différentes : l'alimentation est plus riche en graisses chez les plus démunis et, surtout, dans un monde où bien des objets de consommation sont inaccessibles aux budgets modestes, la nourriture ne l'est plus. « S'éclater » quand on est pauvre reviendra donc plus facilement à boire et à manger à l'excès qu'à s'adonner à un sport nécessitant de coûteux équipements ou à courir les boutiques pour meubler sa maison de campagne... En outre, cette nourriture bon marché, distribuée dans les très grandes surfaces, n'est pas nécessairement idéale au plan diététique. Enfin, les plus riches ont davantage de temps et d'argent à dépenser pour prendre soin d'eux-mêmes, surveiller leur allure et « s'entretenir ».

Par ailleurs, le grand responsable de la recrudescence de l'obésité est le mode de vie contemporain, caractérisé par une diminution de l'activité physique (moins d'escaliers à monter, de kilomètres à parcourir à pied, logements et lieux de travail mieux chauffés), la multiplication des points de vente et autres fast-food proposant une nourriture qui foule aux pieds les règles les plus élémentaires de la diététique, la consommation de boissons sucrées (sodas) hautement caloriques, ou encore la généralisation du grignotage à toute heure.

Insidieux bourrelets

Si certaines personnes grossissent d'un coup (par exemple à la suite d'une grossesse, d'un traitement médicamenteux ou d'une période difficile qui les a conduits à manger à longueur de journée pour compenser leur angoisse ou leur ennui), il est malheureusement assez facile de grossir à son insu. Il n'est pas rare de rencontrer des personnes souffrant d'un surpoids important (de l'ordre de 20 kilos) qui s'est installé sur de longues années. À l'origine, le déséquilibre apport-dépense énergétique a pu être minime, de l'ordre de quelques gâteaux secs ou de quatre étages de moins à grimper chaque jour. Puis le surpoids s'est installé très progressivement, l'augmentation de l'apport calorique croissant avec l'augmentation de la masse maigre.

Lorsque l'on sait que l'apport calorique quotidien idéal avoisine les 1 800-2 000 pour un adulte sédentaire, et que l'on considère les multiples tentations auxquelles un Occidental doit se soustraire à tout moment en matière d'alimentation, il n'est pas difficile de comprendre pourquoi tant de nos contemporains prennent le chemin de l'obésité...

Comment j'ai grossi

Quand j'étais enfant, j'étais normalement mince, comme peut l'être un petit garçon d'Allemagne du Nord.

À la maison, nous prenions un petit déjeuner consistant – c'est la tradition allemande – avec du fromage, des saucisses, du jambon, du pain, du beurre et des confitures, le tout arrosé de thé, de café ou de chocolat selon notre humeur. Le midi, nous déjeunions très légèrement, d'un genre de sandwich que la cuisinière nous donnait le matin et que nous mangions à l'école, ou là où nous nous trouvions si nous étions en promenade. Le soir, très tôt, vers 18 heures, nous dînions d'un repas froid dans lequel, si mes souvenirs sont exacts, revenaient fréquemment des harengs à toutes les sauces ! Jamais de dîners chauds.

Je n'ai réellement commencé à grossir que vers l'âge de quarante ans, sous l'effet conjugué de dîners en ville (que j'acceptais encore) et de l'arrêt du bodybuilding. Alors, malgré mon mètre quatre-vingts, je me suis mis à m'arrondir, d'abord avec indifférence, ensuite avec un peu d'agacement.

K.L.

Il faut manger pour vivre et non vivre pour manger !

Comme nous allons le voir, les méthodes ne manquent pas pour aider à perdre du poids. Je n'aurai pas l'impudence de prétendre que seul le suivi du programme Spoonlight est une garantie de succès en la matière.

Du reste, il convient ici de distinguer, en termes de nécessité d'un secours extérieur, le cas des personnes obèses de celles qui n'ont que quelques kilos à perdre. Pour les premières, un soutien médical est indispensable ; pour les secondes, le suivi d'un programme diététique bien conçu et un peu de bon sens peuvent suffire.

Dans les deux cas, pour peu que la volonté soit au rendez-vous – même si parvenir à perdre du poids nécessite pour certains une implication personnelle considérable, ce qu'on ne répétera jamais assez –, maigrir, la belle affaire !

Mais une fois l'objectif atteint, stabiliser son poids, ne pas reprendre insidieusement kilo après kilo, manger pour vivre et non vivre pour manger : voilà toute la difficulté. Le régime est terminé, et avec lui l'attention constante qui lui a été dédiée. Temps du silence et du retour sur soi. Manger mal, manger trop, c'était tenter de remédier au stress, à l'ennui, à la dépression, au désœuvrement, ou obéir (sans nécessairement en avoir conscience) aux mots d'ordre de son environnement social et familial. Ou peut-être encore trouver du plaisir là plutôt qu'ailleurs ? Un nouveau bilan s'impose, des choix personnels, sans doute, des décisions radicales, peut-être. Ne pas désapprendre ce que vous avez appris en matière d'alimentation pendant votre cure d'amaigrissement, suivre un régime alimentaire « de maintien », continuer de respecter les règles diététiques que vous avez découvertes vous aideront à conserver votre ligne. Le changement entamé doit être définitif, les mêmes causes provoquant les mêmes effets. Quant aux remèdes au stress, aux soucis, à l'ennui, la solution n'est pas de mon ressort. Ils résident dans le secret de votre âme...

Les différentes techniques

Pour maigrir, l'arsenal de la médecine contemporaine propose trois types de méthodes : la chirurgie, les traitements médicamenteux, les régimes alimentaires. On peut y ajouter la piste génétique, prometteuse mais encore balbutiante, qui débouchera sans doute à terme sur une « nutrigénétique » (prescription de régimes alimentaires en fonction de la prédisposition génétique des patients) et surtout, grâce à une meilleure compréhension de la cause de l'obésité, sur une politique préventive plus efficace car plus ciblée.

Chirurgie et médicaments ne se suffisent pas à eux-mêmes pour perdre du poids (ils ne sont d'ailleurs jamais présentés comme tels) ; ils peuvent constituer un soutien ou un complément efficace, parallèlement à un régime bien conduit. Le programme alimentaire Spoonlight que je préconise repose d'ailleurs pour partie sur la prescription de compléments alimentaires à base d'oligoéléments et de plantes médicinales. Par ailleurs, il peut m'arriver (à titre exceptionnel) d'orienter un patient sur un traitement chirurgical, même si le pivot central de ma méthode demeure le rééquilibrage alimentaire.

Passons brièvement en revue ces différentes méthodes, qui comportent toutes leurs inconvénients, et dont certaines sont même franchement à déconseiller.

Les (grandes) limites de la chirurgie

Lasses de s'être soumises en vain à une succession de régimes, nombreuses sont les personnes à s'en remettre à la chirurgie. En matière de traitement de l'obésité, celle-ci commence certes à faire ses preuves – elle est pratiquée depuis plus de trente ans aux États-Unis, et connaît un succès croissant en Europe : les techniques ont par ailleurs beaucoup évolué ces dernières années. Mais elle n'en constitue pas pour autant le remède miracle. Elle est d'ailleurs pratiquée, médicalement parlant, pour réduire le risque de décès par maladie cardiovasculaire davantage que pour faire maigrir.

Si vous avez moins de 40 kilos à perdre, sautez ce chapitre ! Ces méthodes invasives ne vous concernent pas, et aucun chirurgien digne de ce nom n'acceptera de vous opérer pour vous aider à maigrir.

Pour les personnes concernées, sachez que vous en remettre à un chirurgien ne vous guérira pas des comportements alimentaires inadaptés qui sont à l'origine de votre obésité. Par ailleurs, toute intervention chirurgicale sur l'estomac (gastroplastie) est synonyme de contraintes postopératoires que le patient se doit de comprendre et d'accepter avant l'intervention (sauf s'il tient absolument à faire échouer cette intervention et à souffrir de complications qui peuvent être franchement désagréables voire graves). Enfin, il vous faut avoir à l'esprit qu'il s'agit bel et bien d'interventions chirurgicales et non de chirurgie esthétique : le risque 0 % n'existe pas, qu'il s'agisse d'accidents susceptibles de survenir pendant l'intervention (phlébite, embolie, perforation de l'estomac... : risque de décès d'environ 1 pour 1 000) ou après (complications liées au matériel implanté dans l'organisme pouvant nécessiter une nouvelle intervention). Il est donc heureux que de telles interventions ne concernent qu'un nombre limité de cas.

Les gastroplasties ne sont pratiquées que chez des personnes de moins de cinquante-soixante ans, souffrant d'obésité dite morbide, c'est-à-dire dont l'indice de masse corporelle est égal ou supérieur à 40 (parfois moins, entre 35 et 40, si la personne présente une hypertension, un diabète ou toute autre affection liée à son obésité ou majorée par celle-ci), ayant déjà tenté de réduire leur poids par un régime effectué sous contrôle médical. Autre clause *sine qua non* : la personne doit s'engager à suivre strictement les indications diététiques qui lui seront données après l'intervention, et à se soumettre à un suivi médical régulier pendant plusieurs années.

Il existe deux grands types d'interventions : les techniques dites « restrictives » et les techniques dites « malabsorbatives ».

Les techniques restrictives ont pour effet de réduire la capacité de l'estomac, d'où une diminution de la quantité à ingérer pour obtenir une sensation de satiété. Elles présentent deux inconvénients : d'une part, elles engendrent dans un premier temps des vomissements voire des douleurs, d'autre part, l'organisme finissant par s'y habituer, elles perdent de leur efficacité à long terme. Quant aux techniques malabsorbatives, elles consistent à réduire l'absorption des nutriments en « court-circuitant » l'estomac. Elles enregistrent de meilleurs résultats sur le long terme, mais les patients qui s'y soumettent doivent s'astreindre à une surveillance médicale assez lourde.

- **L'anneau gastrique.** Cette technique est la moins invasive en matière de chirurgie, puisqu'elle est pratiquée par cœlioscopie et qu'elle ne mutile pas l'estomac. Elle consiste à placer un anneau gonflable autour de la partie supérieure de l'estomac (quelques centimètres au-dessous de l'œsophage). Toute ingestion d'une quantité de nourriture excédant la taille de la partie supérieure de l'estomac (au-dessus de l'anneau) ou de morceaux trop gros pour passer l'anneau entraîne un vomissement ou des douleurs (sensation de blocage). La taille de l'anneau, donc le degré de contrainte alimentaire, est modulable à tout moment par injection ou retrait d'un liquide situé à l'intérieur de l'anneau, par l'intermédiaire d'un dispositif placé à cet effet sous la peau. La présence d'un anneau gastrique contraint le patient, pour éviter vomissements et douleurs, à manger moins, plus lentement, en mâchant soigneusement.

- **La gastroplastie avec agrafage.** Il s'agit d'une intervention assez lourde, puisqu'elle nécessite une incision de l'abdomen. Son principe est le même que celui de l'anneau gastrique, mais l'étranglement de l'estomac est ménagé à l'aide d'un anneau de silicone et des agrafes. Son inconvénient majeur, par rapport à la précédente, est l'impossibilité de réglage, donc la persistance éventuelle de l'inconfort et des vomissements lors des prises alimentaires.

- **Le court-circuit digestif (by-pass gastrique).** Cette intervention irréversible, contrairement aux précédentes, consiste à court-circuiter la majeure partie de l'estomac en créant une petite poche dans le haut de l'estomac et en reliant celle-ci à l'intestin grêle. Elle a pour effet de réduire le passage des aliments dans l'estomac, ceux-ci passant directement dans l'intestin grêle. Après l'intervention, qui est généralement pratiquée par cœlioscopie, le patient a rapidement une sensation de satiété lorsqu'il mange, même s'il mange peu. Une telle intervention nécessite, à vie, des changements considérables en matière d'alimentation.

Les médicaments : à manipuler avec précaution

Hélas, il n'existe à ma connaissance aucun médicament qui permette de maigrir et surtout de stabiliser son poids sans effort ! Ce qui ne signifie pas qu'aucune molécule n'exerce un effet sur le poids. Comme vous le lirez plus loin, je conseille aux personnes qui veulent maigrir la prise de compléments alimentaires à base de plantes dont l'effet scientifiquement avéré est précisément d'aider à la perte de poids. Quant aux médicaments proprement dits, ils sont prescrits par certains praticiens pour aider leurs patients à maigrir, mais ne constituent qu'un soutien ponctuel et ne se substituent en aucun cas à une modification des conduites alimentaires. Il faut en outre souligner que prendre un médicament n'est jamais anodin et doit toujours s'effectuer sous contrôle médical, et que certains « remèdes miracles » contre la surcharge pondérale sont *formellement déconseillés* ; ce sont les diurétiques, les laxatifs, les hormones thyroïdiennes et les amphétamines.

- Les diurétiques font perdre de l'eau et non de la graisse, ils induisent une perte de sels minéraux et font baisser la tension artérielle, ce qui entraîne de la fatigue : ils provoquent une augmentation relative de l'acide urique et du sucre dans le sang par concentration de celui-ci.

- Les laxatifs sont à proscrire pour les mêmes raisons (élimination trop importante d'eau). En outre, ils risquent d'entraîner une irritation de l'intestin. Enfin, qu'il s'agisse des diurétiques ou des laxatifs, la perte de poids qu'ils occasionnent est illusoire : les kilos perdus correspondent exclusivement à l'eau éliminée ; le déficit ainsi créé se compense dans les heures qui suivent du simple fait de boire.

- Les hormones thyroïdiennes ne doivent être prescrites que chez des patients souffrant d'un déficit de sécrétion de la glande thyroïde. Ce cas mis à part, leur prise crée artificiellement une hyperthyroïdie. Laquelle exerce certes un effet positif dans le cadre de l'amaigrissement, du moins dans un premier temps, à savoir une augmentation du métabolisme de base, c'est-à-dire des besoins caloriques du corps pour assurer le fonctionnement organique. Mais elle est aussi responsable d'une nervosité, de troubles cardiaques (palpitations, tachycardie) et d'une diarrhée, puis d'une hypothyroïdie secondaire (insuffisance de sécrétion de la glande thyroïde en réponse à l'apport exogène d'hormones thyroïdiennes). Or, lorsque le traitement s'arrête, la glande thyroïde ne se remet pas forcément à fonctionner normalement.

- Quant aux amphétamines, ce sont de redoutables coupe-faim aux dangereux effets secondaires, en particulier une dépendance et une agression du système cardiovasculaire, et parfois des troubles psychiatriques.

Outre les remèdes spécifiquement prescrits pour soigner les affections liées à l'obésité (anticholestérolémiants et antihypertenseurs notamment), on peut utiliser une molécule qui inhibe l'action des enzymes chargées de la digestion des graisses : l'orlistat. Ses résultats sont très variables, et ses effets indésirables peu ragoûtants (selles molles, plus abondantes ou carrément diarrhéiques).

Le florilège des régimes miracles

Les méthodes révolutionnaires d'amaigrissement ont, pression médiatique et diktat de la minceur obligent, fleuri ces quarante dernières années. Pour des résultats souvent mitigés, quand ils ne sont pas carrément dangereux pour la santé.

Le régime Atkins, par exemple, qui repose sur un principe simple : la suppression pure et simple de tous les sucres, lents ou rapides. Un régime que l'on pourrait qualifier de criminel : privées de fruits, les personnes qui s'y adonnent se créent des carences en vitamines. Elles risquent en outre de présenter un taux de cholestérol battant tous les records et de développer une maladie cardiovasculaire ; de plus, elles perdent autant de muscle que de graisse, et se remettent immanquablement à grossir dès qu'elles interrompent le régime.

Autre exemple synonyme de danger et d'inefficacité, le régime Mayo, dont le principe a lui aussi le mérite de la simplicité, mais dont le suivi sur plus de quelques jours est strictement déconseillé sauf à voir son taux de cholestérol grimper en flèche, et s'installer une solide carence en vitamines et en calcium : il s'agit d'un régime fondé essentiellement sur l'ingestion d'œufs (de quatre à sept œufs par jour). La personne qui s'y prête pourra perdre rapidement 2 ou 3 kilos... qu'elle reprendra imparablement dès la fin du régime.

Bien d'autres régimes ont connu leur heure de gloire, comme certain « pseudo-régime de l'homme d'affaires » qui reposait à la fois sur une baisse de la ration calorique quotidienne (et notamment sur la limitation des sucres lents) et sur un principe de dissociation : interdiction de consommer en même temps des graisses et des sucres. Une recette qui séduisait par sa facilité d'application, puisqu'il permettait de se mettre au régime sans en avoir (trop) l'impression. Mais ici encore, le danger résidait dans le déséquilibre alimentaire – qui favorise l'augmentation du « mauvais » cholestérol et des maladies cardio-vasculaires.

D'autres méthodes plus sérieuses ont vu le jour, comme le régime Scardale, une méthode fondée sur le calibrage strict de toute la prise alimentaire (tous les aliments doivent être pesés) pendant une quinzaine de jours. Un régime de bon sens, mais difficile à réaliser car extrêmement contraignant. Mentionnons aussi le régime Weight Watchers, qui se fonde tout à la fois sur un régime alimentaire « classique », conçu par des diététiciens compétents, et sur un soutien psychologique apporté par des réunions de groupe. Un programme que l'on pourrait qualifier de régressif, en ce qu'il réduit ses participants à l'état d'écoliers qui se voient dispenser des « bons points » au gré de leurs résultats. Et qui a toutes les chances de déboucher sur une reprise de poids s'ils n'apprennent pas à se prendre en charge et à s'autoréguler eux-mêmes.

Mentionnons encore le régime protéiné strict – qui n'a guère sa place dans cette énumération dans la mesure où il constitue, à ma connaissance, le seul principe sérieux, susceptible de résultats durables ; mon propre programme sur le détail duquel je reviendrai plus loin, en est une déclinaison personnelle. Pour revenir au régime protéiné strict, il consiste dans un premier temps à ne consommer que des protéines accompagnées de légumes, et dans un second temps des protéines et des aliments pauvres en glucides et en lipides. Réservé aux pertes de poids importantes, il donne des résultats satisfaisants, mais nécessite un strict suivi médical et risque de se solder par de sévères carences en vitamines et sels minéraux. Et gare à la reprise de poids à l'arrêt des sachets protéinés !

Mes régimes

Avant de me lancer dans le programme Spoonlight, j'avais déjà fait un régime avec le Dr Richand, aujourd'hui décédé, qui était l'élève du Pr Ménétrier, le promoteur de la médecine par les oligoéléments. J'ai toujours été soigné par les oligoéléments et je m'en trouve très bien. J'avais perdu, il y a une vingtaine d'années, environ 15 ou 17 kilos. J'ai regrossi petit à petit et j'ai tout repris, un peu plus, même, en dix ans. Mais il faut dire que je n'ai pas du tout fait attention !

K.L.

Équilibre et volonté

On vient de le lire, les « régimes miracles » n'existent pas. Ou plutôt, ils existent, puisqu'ils permettent de perdre très rapidement plusieurs kilos... repris sitôt le régime achevé. Pis, les kilos perdus le sont au détriment de la masse maigre (les muscles) et non de la masse grasse. La victime de tels régimes a donc toutes les chances de se retrouver dotée de bourrelets supplémentaires lorsqu'elle reprendra une alimentation normale, car elle se constituera alors des réserves graisseuses à la place de la masse musculaire perdue. Enfin et surtout, de tels régimes sont dangereux pour la santé, car sources de carence et d'hypercholestérolémie.

Que dire des autres méthodes ? Ma préférence penche bien sûr du côté des régimes sérieux, qui reposent sur une réelle connaissance du métabolisme et des méfaits des suppressions arbitraires de certains aliments et des carences qu'elles entraînent.

Mais quelque régime que ce soit, fût-il le plus équilibré et le plus surveillé, ne rendra pas moins nécessaire la participation active de la personne qui s'y prête. Maigrir et ne pas regrossir, c'est changer d'apparence ; mais aussi changer son rapport à la nourriture, à l'alimentation et à ses enjeux ; c'est comprendre pourquoi on mangeait mal et trop, c'est accepter de manger différemment – de vivre différemment. C'est changer son rapport au monde. Il est rigoureusement impossible de « maigrir idiot ».

Et la méthode que je préconise, même si elle porte un nom – diète Spoonlight –, ne peut se résumer à une simple étiquette. Elle repose aussi sur mon approche personnelle de l'être humain et de ses faiblesses : un régime trop strict, trop sévère, trop peu permissif, trop inhumain en somme, risque d'aboutir à l'échec, stress et frustration obligent. Une méthode trop infantilisante n'aboutira pas davantage. Seul un régime bien conduit, jalonné d'une prise de conscience et d'une participation active du patient, a des chances d'aboutir, et surtout de donner des résultats durables...

Ma disposition d'esprit en entamant le programme Spoonlight

Je suis entré en cure comme on entre en religion, avec foi et détermination, mais sans états d'âme. J'étais décidé, j'avais trouvé le docteur qui me guiderait, je n'avais plus qu'à suivre ses instructions précisément, à la lettre. J'étais dans un état d'esprit positif et réceptif. J'avais décidé d'entreprendre un régime sans motif particulier, sans problèmes spécifiques médicaux ni sentimentaux, simplement par envie futile de m'habiller autrement.

J'étais en pleine période de renouveau. Adieu mon magnifique mobilier XVIIIe dispersé aux enchères. Adieu, les vêtements japonais après dix ans de loyaux services. Adieu, les kilos en trop. Bonjour, le mobilier moderne et les décors simples et dépouillés allant à l'essentiel. Bonjour, la sérénité et la relativisation des problèmes.

En vérité, les kilos perdus n'étaient que le versant extérieur d'une évolution intérieure : il fallait que mon corps se mette en harmonie avec une nouvelle réalité intérieure.

K.L.

Le cas des « petits régimes »

Ces remarques préliminaires valent pour toute perte de poids, qu'il s'agisse de réduire une obésité importante ou de venir à bout de quelques kilos surnuméraires. On l'a vu, recourir à une méthode fantaisiste peut effectivement se solder par une perte du poids, mais parfois au détriment de sa santé, et surtout avec l'assurance de voir son régime réduit à néant en quelques semaines, voire en quelques jours.

Faut-il pour autant systématiquement consulter un médecin pour entreprendre un régime amaigrissant ? Selon moi, non, s'il s'agit de perdre 5 kilos ou moins. Dans ce cas, l'avis d'un médecin n'est pas indispensable, sauf problèmes particuliers bien sûr : il tombe sous le sens qu'une femme enceinte ou un diabétique ne doivent en aucun cas se lancer de leur propre chef et sans suivi médical dans une cure d'amaigrissement.

Pour perdre 5 kilos ou moins, suivre les consignes d'un programme intelligent tel que le Spoonlight – dont le principe essentiel est le rééquilibrage alimentaire plus que la privation – peut suffire. À condition bien sûr de respecter strictement les mesures dictées par le régime (éviction des aliments déconseillés ou interdits, prise des compléments alimentaires, vitamines et oligoéléments conseillés, consommation suffisante d'eau). Et, faut-il l'écrire, de ne pas jouer au plus fin avec soi-même, d'accepter de repenser son alimentation plutôt que de raisonner en termes de frustration, de comprendre pourquoi on mange mal et/ou trop, et d'intégrer que la clé du succès réside dans une révision *en profondeur* de son rapport avec l'alimentation.

Avant d'entreprendre un régime « en solo », commencez par vous accorder le temps de vous connaître vous-même, de repérer et de décrypter vos conduites alimentaires. Sans rien modifier à votre comportement habituel, notez pendant quelques jours tout ce que vous mangez, sans omettre les grignotages entre les repas et autres gâteaux apéritifs et bonbons, ainsi que tout ce que vous buvez (sodas, vins et alcools, thé et café sucrés...) et estimez votre apport calorique quotidien[1]. Estimez également votre consommation quotidienne d'eau (nombreuses sont les personnes à ne pas boire assez). Sachant que la ration d'entretien souhaitable, sauf activité importante, est de l'ordre de 2 000 calories par jour pour un adulte, cette estimation vous permettra de vous situer par rapport à cette norme, et de ne pas viser trop haut : préférez un petit régime (quelques centaines de calories de moins que votre ration habituelle) sur plusieurs semaines à un régime drastique qui risque de vous rendre insupportable pour votre entourage et pour vous-même !

Enfin, repérez les situations délicates, celles qui vous offrent l'occasion de trop et surtout de mal manger, et prévoyez des solutions d'évitement : telle personne ne peut s'empêcher de grignoter devant la télévision avant

---

[1]. Procurez-vous une table des calories fournissant pour chacun des aliments les plus couramment consommés la valeur calorique totale pour 100 g (ainsi que la teneur en lipides, glucides et protéines, ce qui ne sera pas sans utilité si vous vous décidez à prendre votre poids en main). Pour les pays de langue française, on peut suggérer : Docteur Philippe Dorosz, *Table des calories*, Maloine, 3e éd., 2001, 160 p. (format poche).

le dîner, telle autre ne résiste pas aux gâteaux apéritifs... Par avance, prévoyez les tentations et, autant que possible, supprimez-les.

Régime ou chirurgie esthétique ?

Si votre IMC est égal ou inférieur à 25, vous ne souffrez pas d'un problème de surpoids – d'un point de vue médical s'entend. Dans le doute, consultez un diététicien ou un médecin qui sera à même d'estimer, avec les outils décrits plus haut et en fonction de votre morphologie, de votre sexe et de votre âge si vous avez ou non quelques kilos à perdre.

Il se peut que vous soyez un peu enrobé(e). Il n'est pas non plus impossible que vous soyez mince, mais doté(e) d'amas graisseux isolés, et particulièrement de cellulite ; le traitement de telles caractéristiques anatomiques ne relève pas du régime amaigrissant – vous risquez d'avoir les joues creuses et de mettre votre santé en danger bien avant de voir fondre ces formes qui vous désolent –, mais plutôt d'une remise en forme associée à un traitement spécifique. Parmi les nombreux traitements proposés pour lutter contre la cellulite, on peut citer :

- la mésothérapie : médicaments injectés à faible dose par l'intermédiaire de micro-aiguilles, une méthode qui a l'inconvénient d'être relativement douloureuse et de nécessiter une assiduité régulière ;
- les massages : drainage lymphatique ;
- les cures thermales, la thalassothérapie ;
- la chirurgie esthétique : liposuccion, sans doute le meilleur traitement, à condition que la zone de cellulite soit limitée en volume et bien localisée, et que les tissus sous-cutanés et la musculature soient en bon état.

Questions et bilan

Vous avez plus de 5 kilos à perdre et êtes armés d'une solide résolution pour vaincre votre surpoids ? Consultez un praticien formé au programme Spoonlight. Cette première rencontre va être l'occasion d'un bilan de santé, rigoureusement indispensable pour prévenir tout incident lors de votre régime et pour vous prescrire les bons compléments alimentaires. Vous aurez donc à répondre à un certain nombre de questions, qui ne devraient d'ailleurs pas vous surprendre. Il s'agit en effet de questions types, que pose tout praticien consciencieux avant d'entreprendre quelque traitement que ce soit :

Quel est votre état de santé ? Quelles maladies avez-vous eues ? Suivez-vous actuellement un traitement médical ? En avez-vous suivi un dans le passé ? Avez-vous des problèmes de circulation, de constipation, etc. ? Êtes-vous dépressif ou l'avez-vous été ? Quels sont vos antécédents familiaux ? Y a-t-il des terrains connus dans votre famille, par exemple tendance au diabète, à l'asthme ? Madame, êtes-vous normalement réglée ? Souffrez-vous d'un syndrome prémenstruel ? Si vous êtes ménopausée, depuis quand ? Souffrez-vous de troubles liés à la ménopause tels que bouffées de chaleur, insomnie, migraines... ?

Cet « interrogatoire » sera complété d'un examen clinique (auscultation, mesure de la tension artérielle...) et bien sûr de la prise de votre poids et du calcul de votre indice de masse corporelle. Il est nécessaire de procéder à un examen de sang (qui permettra de réaliser un dosage du cholestérol, des triglycérides, des oligoéléments, des vitamines, du magnésium, etc.) chez les personnes souffrant d'une obésité majeure ou présentant un problème de santé spécifique (diabète, par exemple). Dans ce cas, le régime ne commencera que résultats en main (ce qui le diffère de quelques jours tout au plus).

Premier contact

Je suis venu voir le Dr Houdret car je savais qu'il avait succédé au Pr Bellaiche, lui-même ami de mon précédent médecin le Dr Richand, et qu'il pratiquait les mêmes méthodes à base d'oligoéléments, comme le Pr Ménétrier. Ensuite, j'ai demandé au Dr Houdret de m'expliquer qui il était, ce qu'il avait fait et ce qu'il faisait, et comment il concevait la façon de soigner les gens. Je l'ai écouté attentivement, puis je lui ai dit : « Au revoir, je vais réfléchir. » J'ai décidé la semaine suivante d'entreprendre le régime que le Dr Houdret me proposait. Je suis donc revenu le voir et nous avons alors entrepris ensemble ce grand travail sous sa direction.

K.L.

Il était temps, « mon vieux ! » comme le disent les Français.

Se fixer un objectif

Autant le répéter tout de suite, même si cela doit fâcher mes lecteurs et les décourager définitivement de se lancer dans une cure d'amaigrissement : le régime miracle n'existe pas, et s'il est toujours possible de maigrir, il est souvent carrément irréaliste d'espérer retrouver la « taille de guêpe de ses vingt ans ». Néanmoins, perdre plusieurs kilos, même si c'est moins que ce que l'on avait escompté, contribuera à rendre l'existence beaucoup plus agréable, que ce soit sur le plan du bien-être général ou du plaisir que l'on a à se regarder dans un miroir.

Vous êtes nombreux à entrer dans mon cabinet et à me dire d'emblée : « Docteur Houdret, je veux perdre 10, 20, 30 ou 40 kilos. » À moi de vous convaincre de vous fixer un objectif *raisonnable*.

Raisonnable à plus d'un titre. Tout d'abord, plus le surpoids est important, plus il est difficile d'en venir à bout. L'estimation précise de vos kilos superflus sera donc un premier élément de réponse : une personne souffrant d'obésité sévère a moins de chances de recouvrer sa sveltesse qu'un patient qui souhaite perdre 5 ou 10 kilos.

Par ailleurs, plus les kilos sont anciens, plus ils sont difficiles à perdre. Quand avez-vous pesé ce poids souhaité pour la dernière fois ? Si cela fait plus de dix ans, retrouver votre poids idéal sera plus difficile que si la prise de poids est plus récente.

Enfin, point le plus important sans doute : êtes-vous vraiment prêt à vous lancer dans un régime ? Est-ce bien le moment ? En ressentez-vous la force morale ? Dans le cas contraire, mieux vaut – sauf impératifs médicaux – vous résoudre à apprivoiser votre poids, et remettre votre décision à une période plus propice. Sans prise de conscience réelle, sans volonté de comprendre et d'admettre le régime, toute personne qui l'entreprend est vouée à l'échec.

Mon objectif

Je me suis fixé pour objectif d'arriver à environ 70 kilos dans un délai d'à peu près un an pour pouvoir m'habiller autrement. Je voulais changer de look ; je devais donc obligatoirement maigrir, car j'avais choisi de m'habiller désormais très cintré, très près du corps. Le challenge, c'était donc de perdre huit tailles pour entrer et être à l'aise dans mes nouveaux vêtements. Treize mois plus tard, je pesais 60 kilos et je pouvais porter les vêtements les plus étroits que l'on trouve dans le commerce.

K.L.

Bien se connaître pour bien démarrer

Lors de la première rencontre, le médecin va vous interroger très précisément sur vos habitudes alimentaires. Ne soyez pas rebuté par cette avalanche de questions. Elle a simplement pour but d'établir précisément vos habitudes alimentaires et votre ration calorique quotidienne, et de savoir dans quelle mesure il vous sera possible de les adapter à un régime – deux points indispensables, vous le comprendrez aisément, pour vous aider à maigrir. Quant aux questions, ce sont :

Que mangez-vous et que buvez-vous le matin, le midi, le soir, et en quelle quantité ? Pendant les repas, buvez-vous de l'eau ? Consommez-vous des sodas (Coca-Cola, limonade...), même s'il s'agit de sodas light (sucrés avec des édulcorants) ? Des alcools ? Lesquels (apéritif, bière, vin, digestif...) ? Préférez-vous les aliments sucrés ou salés ? Souffrez-vous de boulimie ? Êtes-vous parfois ou souvent pris de fringales ? À quel endroit prenez-vous habituellement vos repas du midi et du soir (au restaurant, en ville, dans un self-service, une cantine d'entreprise...) ?

Mes habitudes alimentaires avant de commencer le programme Spoonlight

J'ai grossi peu à peu, sans m'en rendre compte, simplement en mangeant bien et de bon appétit les choses que j'aime. Les bons petits déjeuners du Café de Flore, avec leur gruyère en tranche et leurs inimitables saucisses de Francfort. Les bonnes charcuteries, les bonnes tartines de pain noir beurrées à mort de bon beurre salé. Et les bonnes viennoiseries, les pains aux raisins, les croissants et les brioches ; les gâteaux secs, les sablés et le fameux *Kaiserschmarren*.

Par bonheur, je n'ai jamais bu – de même que je n'ai jamais fumé. Ne parlons même pas de drogue. Je pense que tout cela a contribué à ce que je garde une peau lisse et assez ferme.

Je suis reconnaissant à Coca-Cola et Pepsi Cola d'avoir inventé « Cola light » et « Pepsi Max », sinon le tableau eût été plus noir encore... surtout que comble de malheur, j'étais accro à la glace au chocolat. Je parle au passé car aujourd'hui, fort heureusement, elle me laisse indifférent.

K.L.

Les grands principes du programme Spoonlight

Pour faire maigrir mes patients, je fais appel à un régime protéiné mixte, c'est-à-dire qu'il repose sur l'adjonction de protéines à l'alimentation.

Chez une personne ayant un poids satisfaisant, les protéines doivent représenter 50 à 60 g par repas pour que soit maintenue la masse musculaire. Lors d'un régime amaigrissant, la diminution de l'apport en graisses et en sucres, obtenue en suivant les conseils diététiques, doit permettre à l'organisme de puiser dans ses propres réserves. Un apport protéiné lui permet alors de préserver son propre capital en protéines (entretien des muscles), son tonus et son dynamisme. En pratique, il faut pour préserver le capital protéique une dose de protéines au moins égale à 1,2 g par kilo de poids idéal chez la femme, et 1,5 chez l'homme.

C'est pourquoi la prescription d'un programme Spoonlight s'accompagnera obligatoirement de celle de sachets protéinés. Je préconise une préparation hyperprotidique composée de protéines extraites du lait, du soja et du blanc d'œuf, d'extraits de plantes et enrichie en vitamines[1].

---

1. Préparation Spoonlight 1, salée ou sucrée. Il en existe toutes sortes de goût : « petit déjeuner » : café, cappuccino, cacao ; « potage-velouté » : poulet, légumes, asperges, champignons, tomates, brocolis, oignons, soupe de poissons, soupe de pois aux lardons ; « pains et gâteaux » : pain, gâteau au chocolat, gâteau à la vanille ; « omelettes » :

À l'intention de ceux de mes lecteurs qui veulent savoir exactement à quoi s'attendre avant de s'engager dans le programme Spoonlight, les troubles secondaires liés à ce type de régime sont bénins dans l'immense majorité des cas, et ne nécessitent qu'exceptionnellement son interruption (très rares cas de réactions allergiques aux protéines). Ce sont notamment :

- une sensation de faim, qui peut exister pendant les deux ou trois premiers jours mais disparaît normalement pour peu que l'on suive rigoureusement le programme ;
- la fatigue, qui disparaît elle aussi après quelques jours de régime sauf non-respect des consignes ;
- des troubles digestifs bénins (essentiellement une constipation, qui est relative et tout simplement liée à la faible ingestion d'aliments) ;
- une frilosité et des crampes nocturnes ;
- plus rarement encore, peuvent survenir une modification du cycle menstruel ou une chute des cheveux minime, troubles toujours réversibles.

Le pivot central

Mon programme repose sur un pivot central : le rééquilibrage alimentaire. Celui-ci passe naturellement par une diminution de la ration calorique quotidienne, indispensable pour perdre du poids, mais aussi et surtout par la *suppression de la viande rouge*. Mes patients sont invités à manger à la place, outre les sachets protéinés, ce qui vient de la mer, à savoir du poisson et des crustacés. Ce principe peut bien sûr souffrir des entorses au cas par

---

fines herbes, jambon fromage, champignons ; « flans » : vanille, chocolat, caramel ; « entremets » : vanille, cappuccino, fraise, chocolat, orange, fruits des bois, abricot, caramel, yaourt à la framboise.

cas. Je permets à ceux de mes patients qui vivent mal cette suppression d'alterner le poisson avec de la volaille, voire du veau.

Les produits de la mer sont riches en oligoéléments. D'autre part, point le plus important, en consommer permet de faire baisser le cholestérol d'origine exogène. En effet, celui-ci nous vient des mammifères. Comme nous sommes nous-mêmes des mammifères (même règne animal), leur cholestérol passe directement dans notre sang, contrairement à celui des poissons et des oiseaux, qui n'appartiennent pas au même règne, et dont la consommation fait au contraire baisser le cholestérol.

À ce propos, rappelons que les scientifiques se sont penchés depuis la fin des années 1980 sur les effets bénéfiques que pouvaient exercer les huiles de poisson sur l'athérosclérose ; l'origine de cet intérêt a été l'observation des Esquimaux, chez lesquels le poisson constitue un élément essentiel de l'alimentation, et qui ne présentent que très rarement des signes d'athérosclérose. Depuis 1987, nombreuses sont les publications médicales à avoir démontré le bien-fondé de cette piste. Ainsi, il a été déterminé que l'huile de saumon est riche en acides que l'on appelle acides gras essentiels (A.G.E.), notamment en acide eicosapentaénoïque (E.P.A.) et en acide docosahexaénoïque (D.H.A.). Or, l'E.P.A. et le D.H.A. agissent contre l'athérosclérose de plusieurs façons, en particulier par une action anti-inflammatoire au niveau des plaques d'athérome et par une action anti-thrombotique (évitant les embolies). De plus, les A.G.E. favorisent la diminution de la synthèse du « mauvais » cholestérol (L.D.L), qui a tendance à se déposer sur les parois des artères, et l'augmentation de la synthèse du « bon » cholestérol (H.D.L.), lequel exerce une action protectrice sur la paroi des vaisseaux. Enfin, les A.G.E. favorisent la diminution des triglycérides.

HIT-PARADE ALIMENTAIRE SPOONLIGHT

● Recommandé ▲ Attention ! ✖ S'abstenir !

Céréales

- ✖ Pain
- ● Pain complet
- ✖ Riz
- ✖ Biscottes
- ✖ Pâtes
- ✖ Semoule

Laitages

- ● Lait 0 %-20 %
- ● Yaourt 0 %-20 %
- ● Fromage blanc 0 %-20 %
- ● 2 œufs

Corps gras

- ● Crème allégée
- ● Beurre allégé
- ● Margarine allégée
- ✖ Beurre, margarine
- ✖ Huiles

Viandes

- ● Cheval
- ● Foie de veau
- ● Jambon (blanc)
- ● Volailles
- ● Lapin
- ● Veau
- ▲ Bœuf
- ✖ Mouton
- ✖ Agneau
- ✖ Porc

Crustacés

- ● Coquilles Saint-Jacques
- ● Moules
- ● Crabes
- ● Langoustines
- ● Huîtres
- ● Homard
- ● Crevettes
- ● Palourdes

Poissons

- ● Carrelet
- ● Cabillaud
- ● Merlan
- ● Sole
- ● Tranche
- ● Dorade
- ● Raie
- ● Colin
- ● Loup (Bar)
- ● Carpe
- ● Perche
- ● Saumon
- ● Turbot
- ● Hareng (frais)
- ● Maquereau
- ● Truite
- ▲ Sardine
- ▲ Thon

Légumes

- Laitue
- Endives
- Tomates
- Épinards
- Asperges
- Chou-fleur
- Haricots verts
- Artichaut
- Carottes
- Poireaux
- Champignons de Paris
- ▲ Choux de Bruxelles
- ✖ Pommes de terre (cuites à l'eau)
- ✖ Petits pois
- ✖ Haricots secs
- ✖ Lentilles

Fromages

- ▲ Crème de gruyère
- ▲ Camembert
- ✖ Hollande (Gouda, Mimolette, etc.)
- ✖ Cantal
- ✖ Gruyère
- ✖ Roquefort

Fruits secs

- ✖ Châtaignes
- ✖ Pruneaux
- ✖ Amandes
- ✖ Noisettes
- ✖ Noix

Fruits frais

- Melons
- Framboises
- Fraises
- Mandarines
- Oranges
- Pamplemousses
- Abricots
- Pêches
- Pommes
- Ananas
- ▲ Poires
- ✖ Prunes
- ✖ Cerises
- ✖ Figues
- ✖ Raisins
- ✖ Bananes
- ✖ Jus de fruits du commerce

Divers

Remplacer le sucre par du Canderel ou équivalent.

- Boissons light
- ▲ Confitures au fructose
- ▲ Chocolat au fructose
- ▲ Vins rouges
- ✖ Vins et alcools divers

Mon deuxième axiome : plutôt que moins manger, il s'agit de ne pas manger la même chose. Mes patients repartent chez eux avec un tableau (voir p. précédente) qui indique clairement les aliments préconisés, et ceux qui sont à éviter ou à proscrire absolument.

Par ailleurs, je préconise une réduction de calories non mesurée : ce que vous pouvez manger, vous pouvez en manger autant que vous voulez. En effet, il est de règle qu'une autorégulation naturelle s'instaure spontanément. Inutile donc d'ajouter au stress de mes patients en leur imposant la pesée de tous leurs aliments, une pratique fastidieuse qui risque de décourager les meilleures volontés.

Trois niveaux de régime

Dans le cadre du programme Spoonlight, trois « niveaux » de régime sont possibles, le choix dépendant de la volonté du patient, de sa détermination et de ses besoins.

- **Niveau 1** Un régime reposant sur l'apport exclusif de protéines et de certains légumes (soit 800 à 900 calories par jour). Je ne recours à ce régime que rarement, si le patient lui-même demande à s'y soumettre car il souhaite un résultat ultra-rapide, quitte à accepter une surveillance médicale stricte. En effet, dans ce cas, un bilan sanguin complet est indispensable ainsi qu'un bilan cardiologique et une appréciation rigoureuse de la nécessité et de la possibilité de l'amaigrissement demandé. Le patient doit en outre accepter de se soumettre à un contrôle médical sanguin et général régulier, tous les dix à quinze jours, ce qui permettra de vérifier son état général, de dépister un éventuel déficit en potassium et en sels minéraux et de prévenir la survenue d'un éventuel problème.

Les consignes sont les suivantes :

6 sachets protéinés par jour, et au moins 200 g midi et soir de l'un ou plusieurs des légumes suivants, à consommer crus ou cuits à la vapeur, assaisonnés de condiments ainsi que d'un peu d'huile d'olive et de tournesol (deux cuillers à soupe par jour) : asperges, aubergines, bettes, brocolis, céleri, champignons, chicorée, chou blanc, choux de Bruxelles, chou-fleur, concombres, courgettes, cresson, endives, épinards, fenouil, haricots verts, navets, oseille, poireaux, poivrons, radis, salade, tomates.

Boire au moins 1,5 l d'eau par jour.

Durée du régime : la durée d'un régime de niveau 1 est limitée en règle générale à quinze jours ou trois semaines. Seul le praticien sera à même de déterminer s'il est possible de la prolonger.

- **Niveau 2** Le régime se pratique dans ce cas de la façon suivante : petit déjeuner à base de protéines, déjeuner ou dîner à base de protéines comme pour le niveau 1, l'autre repas suivant les prescriptions diététiques (soit 1 000 à 1 200 calories par jour). C'est ce régime qui a ma préférence.

  Les consignes sont les suivantes :

  Le matin, thé ou café sans sucre (ou sucré avec un édulcorant), lait à 0 % de matière grasse ou 1 yaourt à 0 % de matière grasse, 1 sachet protéiné (chocolat chaud, cappuccino...).

  Le midi ou le soir, 2 sachets protéinés et 200 g de légumes (mêmes modalités que pour le régime de niveau 1).

  Entre 10 et 16 heures : du thé ou du café sans sucre (ou sucré avec un édulcorant), 1 fruit si nécessaire, 1 sachet protéiné en cas de fringale.

Pour l'autre repas : 1 entrée (crudités ou potage de légumes sans pommes de terre) ; 200 g de poisson autorisé ou 200 g de viande autorisée ou 150 g de volaille ou 3 œufs ; 200 g de légumes cuits ; 1 yaourt à 0 % de matières grasses ou 125 g de fromage blanc à 0 % de matières grasses.

Durée du régime : Un régime de niveau 2 peut être poursuivi sur plusieurs mois au besoin (avec une surveillance).

- **Niveau 3** Le patient mange à tous les repas des aliments, et prend des protéines en plus en dehors des repas (soit 1 200 à 1 600 calories par jour).

  Les consignes sont les suivantes :
  Le matin : 1 fruit autorisé ; du thé ou du café sans sucre (ou sucré avec un édulcorant) ; 1 yaourt ou 125 g de fromage blanc à 0 ou 20 % de matières grasses ; 1 ou 2 tranches de pain complet ; 5 à 10 g de beurre allégé.
  Entre 10 et 16 heures : 1 sachet protéiné ou 1 fruit autorisé ou 125 g de fromage blanc à 0 ou 20 % de matières grasses.
  Midi et soir : 1 entrée (légumes, poissons ou crustacés) ; 1 poisson ou 1 viande autorisés à volonté et des pommes de terre cuites à l'eau ; des légumes autorisés à volonté ; 1 yaourt à 0 ou 20 % de matières grasses ; 1 fruit autorisé.

Durée du régime : Un régime de niveau 3 peut être poursuivi sur plusieurs mois, jusqu'à obtention d'un résultat satisfaisant.

Dans tous les cas (programme de niveau 1, 2 ou 3), la boisson doit être abondante et composée principalement d'eau plate ou gazeuse, au choix. Le jus de tomate est le seul jus de fruits que je recommande pendant la cure d'amaigrissement. Il est peu calorique et d'un grand secours lorsque l'on se trouve à un cocktail ou un apéritif et que l'on veut suivre une de mes principales recommandations en matière de boisson : pas d'alcool ! Quant aux sodas, seuls les sodas light me semblent recommandables, et l'on peut en boire à volonté.

Ceux qui aiment le vin seront certainement heureux de savoir que je les autorise à consommer un ou deux verres de vin par jour, mais attention, exclusivement du vin rouge (il exerce une activité antioxydante, et est moins calorique que le vin blanc).

Les compléments nutritionnels

Rééquilibrage alimentaire, diminution de la ration calorique et apport de protéines sont trois des quatre piliers de mon régime. Le quatrième, ce sont des compléments nutritionnels à base de plantes aux propriétés traditionnellement éprouvées et d'oligoéléments. Leur rôle : contribuer à diminuer l'appétit, à combattre le stress et la fatigue, et apporter les vitamines et les oligoéléments quotidiens recommandés. Ces compléments, indispensables, contribuent grandement à soutenir le patient, au plan tant physique que psychique.

• Un complément nutritionnel coupe-faim

Pour endiguer l'appétit, je préconise, sous forme de gélules, un mélange de plantes choisies en fonction de leur action sur la sensation de réplétion sur l'estomac et de leur action favorisante sur l'élimination rénale et intestinale : chaque gélule est composée de gomme guar, d'orthosiphon et de téguments d'Ispaghul[1].

---
1. Gélules Spoon-Cut. La posologie est en règle générale de 2 gélules, une le midi et une le soir, environ une demi-heure avant les repas.

La gomme guar *(Cyamopsis tetragonalobus)* est extraite d'une plante herbacée annuelle poussant dans les zones semi-désertiques de la péninsule indienne et au Pakistan, et cultivée aux États-Unis et en Amérique centrale. Cette plante est très riche en galactomannane, un polysaccharoïde composé de galactose et de mannose. Elle possède un pouvoir gonflant et gélifiant qui lui permet d'agir comme un leurre végétal, c'est-à-dire qu'au contact de l'eau, elle se gélifie et augmente de volume, provoquant un phénomène de satiété[1]. L'orthosiphon (*Orthosiphon stamineus* ou thé de Java) est un arbrisseau originaire du Sud-Est asiatique, dont on utilise les feuilles, aux propriétés diurétiques et cholagogues (facilitant le fonctionnement de la vésicule biliaire). Quant à l'Ispaghul *(Plantago ovata)*, c'est une plante annuelle cultivée en Inde et au Pakistan. Les téguments d'Ispaghul augmentent la masse fécale et modifient sa consistance par formation d'un gel colloïdal hydrophile ; ils agissent conjointement avec la gomme guar pour donner une sensation de satiété et réguler le fonctionnement de l'intestin par un effet mécanique de lest.

- **Un complément nutritionnel qui réduit l'assimilation des graisses et des sucres**

Pour réduire l'assimilation des graisses et des sucres, je préconise un complément nutritionnel composé d'extrait sec d'un cactus géant de la famille des ficus qui

---

[1]. « Au niveau du métabolisme glucidique, plusieurs expérimentations réalisées chez le sujet normal et chez le diabétique tendent à démontrer que l'addition de guar à la ration alimentaire diminue la glycémie et l'insulinémie post-prandiale. L'effet serait principalement lié à la forte viscosité du guar qui retarde la vidange gastrique et réduit la vitesse d'absorption des sucres au niveau intestinal. » Jean Bruneton, *Pharmacognosie. Phytochimie, Plantes médicinales*, éd. Techniques et documentation-Lavoisier. 2e éd., 1993.

pousse dans les déserts du sud-ouest des États-Unis et d'Amérique centrale, l'*Opuntia ficus-indica*[1]. De nombreuses publications scientifiques[2] en ont montré l'action sur l'excès de poids et l'assimilation des graisses et des sucres au cours de la digestion. Les fibres végétales, les mucilages et les enzymes de la plante agissent à deux niveaux. D'une part, les fibres non digestibles ont une action de lest intestinal et contribuent à une accélération douce du transit. D'autre part et surtout, ces fibres se combinent aux graisses alimentaires (cholestérol, triglycérides) et aux sucres pour être éliminées avec elles dans le bol fécal. Ainsi, 1 g de poudre d'*Opuntia* « neutralise » 21 g de mayonnaise, 11 g de beurre ou 9 g d'huile d'olive.

- **Un complément nutritionnel pour lutter contre le stress**

Pour lutter contre le stress et la fatigue, qui sont bien souvent les compagnons d'un régime, je préconise sous forme de gélules un mélange d'extraits secs de ginseng (100 mg) et de millefeuille (120 mg)[3].

Le ginseng est une plante originaire de Chine – où on l'utilise depuis quelque 7 000 ans pour ses propriétés médicinales ; ses principes actifs, les ginsénosides et les adaptogènes (favorisant l'adaptation au stress), sont contenus dans sa racine. Le nom scientifique du ginseng est *Panax ginseng* ; *Panax* signifie en grec « guérit tout ». C'est dire la réputation extraordinaire de cette plante,

---

1. Gélules Nofat. La posologie est en règle générale de 3 gélules dosées à 400 mg chacune, à prendre le matin, le midi et le soir pendant les repas.
2. Résultant en particulier de travaux conduits à l'Institut national de nutrition de Mexico et à la faculté des sciences de l'université de Mexico et d'expérimentations à la clinique pour obèses et diabétiques de l'Institut national de nutrition.
3. Gélules Miltonic. La posologie est en règle générale de 1 gélule matin, midi et soir.

utilisée traditionnellement comme revitalisant et tonique général, tonique cérébral, antistress, rééquilibrant du système nerveux, cardiotonique et antivieillissant. Quant au millefeuille *(Achillea millefolium)*, une plante d'Europe qui pousse à l'état sauvage dans les régions tempérées, son principe actif est le chamazulène. Elle est traditionnellement utilisée comme antispasmodique, tonique, antiallergique et anti-inflammatoire ; son action est complémentaire du ginseng.

- **Un complément nutritionnel composé d'un cocktail de vitamines très complet et de sels minéraux réalisant à eux seuls les apports quotidiens recommandés.**

Riche en magnésium et en calcium, le mélange que je préconise[1] assure contre une éventuelle carence lors du déroulement du programme nutritionnel au cours des programmes d'amaigrissement. Il peut aussi être utilisé dans tous les cas de fatigue ou à titre préventif, l'hiver par exemple. La composition d'une gélule est la suivante :

Vitamine C : 30 mg
Vitamine E : 10,7 mg
Vitamine B3 : 9,9 mg
Vitamine B5 : 5 mg
Vitamine B6 : 1 mg
Vitamine B2 : 0,8 mg
Vitamine B1 : 0.7 mg
Vitamine A : 0,5 mg
Vitamine B9 : 0,2 mg
Vitamine FI : 50 microgrammes (µg)

Vitamine B12 : 2 µg
Phosphate dicalcique : 120 mg
Gluconate de magnésium : 100 mg
Gluconate de ferreux : 40 mg
Gluconate de zinc : 40 mg
Gluconate de potassium : 20 mg
Gluconate de cuivre : 10 mg
Gluconate de manganèse : 11 mg
Iodure de potassium : 120 µg
Gélatine : 75 mg

---

[1]. Gélules Vitaspoon. La posologie habituelle est de 2 gélules au petit déjeuner.

- **Un complément nutritionnel inducteur d'amincissement, qui favorise l'équilibre métabolique, et d'action antifatigue**

Dernier complément nutritionnel conseillé dans le cadre du programme Spoonlight, ce sont des gélules à base de spiruline (70 mg), levure de chrome (10 mg) et lithotame (200 mg)[1].

La spiruline Hawaii (*Spirulines maxima et platensis*, une algue bleue de l'île Hawaii) contient plus de 50 % de protéines, de nombreuses vitamines du groupe B et de nombreux oligoéléments. Sa consommation permet d'éviter la sensation de faim et d'apporter à l'organisme de nombreux facteurs énergisants.

La levure de chrome est une levure cultivée sur un milieu riche en chrome. Or, le chrome est un cofacteur de l'insuline, dont le déficit est une cause de diminution de la tolérance au glucose, de la prise de poids et de risque de diabète. Enfin, le lithotame (*Lithotamnium calcareum*, une petite algue calcaire) est une petite algue rouge très riche en carbonate de calcium, lequel est facilement assimilable par l'organisme et exerce une action régulatrice sur le fonctionnement du métabolisme. Il favorise ainsi son retour et/ou son maintien dans un état d'équilibre harmonieux.

Mon programme Spoonlight

Je crois que j'ai pris – et que je prends toujours – la gamme complète des compléments alimentaires végétaux et d'oligoéléments qui sont prescrits dans le cadre de la cure du Dr Houdret. Je m'en trouve très bien, j'en suis ravi, je ne suis ni fatigué, ni énervé, ni rien du tout... Je n'ai subi aucune opération de chirurgie esthétique,

---

1. Gélules Oligospoon. La posologie est en règle générale la suivante : 1 gélule matin, midi et soir aux repas.

quoique le contraire ait été avancé. Si tel était le cas, je ne m'en cacherais pas, mais cela n'a pas été nécessaire. Je n'ai jamais cherché à avoir une apparence de nourrisson ou d'adolescent... Je n'ai jamais été aussi en forme, aussi créatif – en tout cas, je me l'imagine.

K.L.

Et l'exercice ?

Il est déraisonnable de demander à une personne qui fait un régime de se soumettre en plus à un exercice physique spécifique. La première raison est qu'il faut réellement se fatiguer pour commencer à perdre des calories. De plus, cet exercice risque de vous donner faim. En résumé, marcher un peu plus et préférer les escaliers à l'ascenseur ne vous feront pas de mal, mais vous contraindre à l'action ne vous servira à rien. En matière d'activité physique, une seule règle : faites ce dont vous avez envie.

Au demeurant, les activités intéressantes en matière de dépense calorique ne sont pas toujours celles que l'on croit. Ainsi, en 1 heure, une personne pesant 70 kilos dépense environ 140 calories en repeignant les murs de son salon et 130 en s'adonnant à des travaux de couture. Autant faire son marché (260 calories), jouer du piano (280 calories), monter des escaliers (600 calories – il est vrai qu'on en monte rarement une heure d'affilée), marcher (330 calories)... ou carrément dormir (70 calories) !

Un peu d'exercice en salle...

Je fais de la gymnastique un jour sur deux car je manque de temps : je pratique quelques exercices dans la salle de gym que j'ai fait aménager chez moi. Je m'active pour arriver à un certain équilibre, pour des muscles fermes sans être imposants.

Entre quinze et vingt ans, gymnastique, natation, course, patin, cyclisme ont régulièrement fait partie de mon quotidien. J'ai dansé avec plaisir des nuits entières, j'ai gagné des compétitions de cha-cha-cha, de mambo, de valse et autres danses. Ce sport-là, je l'ai repris.

K.L.

Pour rendre le régime supportable...

... et ne pas transformer le moment des repas en épreuve de mortification, retrouvez le chemin du marché et de la cuisine. Écrire qu'il est simple de « tenir un régime sur plusieurs semaines ou plusieurs mois serait mentir. Mais choisir des aliments de qualité (plus goûteux) en prenant le temps de (re)découvrir leur couleur, leur odeur, leur aspect, soigner la préparation des repas, personnaliser vos plats, les présenter joliment contribuera à vous réconcilier avec un mode de vie que vous avez probablement rangé aux accessoires depuis belle lurette, et dont l'abandon n'est pas sans lien avec votre excès de poids.

N'oubliez pas que vous pouvez accommoder vos préparations avec de nombreux épices et condiments absolument non caloriques : curry, vanille, poivre, persil, romarin, cannelle... : penser votre alimentation en terme de diététique n'interdit pas la créativité. Reportez-vous à la partie « Recettes » pour y puiser des idées.

Révisez vos comportements

- **Les courses**

Faites-les l'estomac plein et liste d'achats en main, sans prendre plus d'argent que celui qui est justifié par la liste d'achats – ce qui vous aidera à rester raisonnable –, et achetez autant que possible des produits frais ; si cela vous est difficile, optez éventuellement pour des surgelés, mais évitez les aliments prêts à consommer.

- **Le moment du repas**

Prenez votre temps pour manger et ne faites rien d'autre (lire, regarder la télévision) en même temps.

Posez la fourchette entre chaque bouchée, mâchez soigneusement chaque bouchée avant d'avaler.

Faites une pause au milieu du repas et laissez toujours un peu d'aliments dans l'assiette (contrairement à ce que vous ont appris vos parents).

Ne préparez qu'une portion d'aliments à la fois, ne sautez surtout aucun repas, et n'oubliez pas de boire abondamment toute la journée (l'idéal est d'absorber 1,5 l à 2 l de liquide par jour, sous forme d'eau, de tisane ou de thé léger).

- **Les modes de cuisson**

Prohibez toute friture. Préférez les modes de cuisson suivants, qui ont l'avantage de ne nécessiter que peu ou pas de matières grasses, ne détruisent pas les vitamines et oligoéléments que contiennent les aliments et conviennent à tous les aliments conseillés dans le cadre du programme Spoonlight : à l'étouffée (cuisson des aliments par exposition à la vapeur d'eau, celle-ci étant aromatisée au besoin) ; au four à micro-ondes ; à la poêle antiadhésive ; en papillotes (les aliments sont enveloppés dans du papier aluminium et cuits au four) ; et bien sûr grillés, braisés, rôtis... La cuisson en tagine est aussi intéressante. Dans tous les cas, il faut utiliser des poêles ou des woks recouverts de Teflon pour réaliser des cuissons sans graisse.

- **Les tentations à la maison**

Rangez les aliments hors de vue, tous au même endroit. Utilisez des plats et ustensiles plus petits, évitez de servir les plats à table et servez plutôt à l'assiette ; dans le cas contraire, ne laissez pas les plats sur la table.

Quittez la table immédiatement après le repas.

Ne gardez pas les restes. Jetez-les ! Ainsi, vous ne serez pas tenté de les finir !

- **Les encouragements**

Passez des contrats avec vous-même (« Je me fixe le but de perdre 2 kilos par semaine pendant un mois, d'avoir perdu entre 7 et 10 kilos d'ici deux mois... ») et prévoyez des récompenses spécifiques à vous octroyer lorsque vous aurez rempli ces contrats : tel plaisir, tel petit cadeau... Agissez de même lorsque vous passez un cap important ou difficile (« Pour la première fois depuis deux mois, j'ai accepté une invitation à un cocktail et j'ai résisté sans peine à la tentation de m'empiffrer de petits fours, je rentre enfin dans ce costume que je ne pouvais plus boutonner depuis trois ans... »).

- **Les réceptions**

Ne buvez pas de boissons alcoolisées.

Prévoyez ce que vous allez manger avant une réception, et prenez une collation basses calories avant de vous y rendre. Il est plus facile de résister à la tentation quand on n'a pas faim !

Trouvez tous les moyens polis pour refuser de la nourriture... et ne vous découragez surtout pas si vous vous êtes laissé aller à un écart occasionnel.

Le régime d'été de Karl Lagerfeld

Voici le régime suivi par Karl Lagerfeld après avoir perdu les 10 premiers kilos. (Il s'agit d'un régime de niveau 2.)

LES PRINCIPES À RESPECTER

Au lever
1 grand verre d'eau

Au petit déjeuner
Café, thé ou chicorée sans sucre
1 tranche de pain complet (30 g) et un voile de beurre allégé
2 yaourts nature ou 100 g de fromage blanc allégé

Dans la matinée
1 ou 2 grands verres d'eau ou de tisane sans sucre

Le déjeuner ou le dîner
Composés de 2 sachets protéinés potages, entremets ou flans Spoonlight 111, complétés par 200 g de légumes crus ou cuits et un yaourt nature, un fruit ou du fromage blanc. Consommez de l'eau à volonté à la fin du repas.

L'après-midi
Thé ou tisane sans sucre
L'autre repas (déjeuner ou dîner selon votre convenance) suivant les recettes suivantes, et en consommant de l'eau à volonté à la fin du repas :

LES SUGGESTIONS DE PLATS

Certains plats sont accompagnés de sauces qui sont numérotées et font l'objet d'une préparation spécifique. Pour leur confection, voir paragraphe suivant : « Les suggestions de sauces ».

1er jour
Râble de lapin au four enduit de fromage blanc / 1/2 cuiller à café de moutarde
Fenouil étuvé au citron ou brocolis vapeur + 1 noisette de beurre allégé
2 yaourts nature ou 1 fruit autorisé

2e jour
Salade mélangée (batavia, mâche, endives), vinaigrette n° 1
Rôti de veau froid + sauce au curry n° 5 ou 7, 2 yaourts nature ou 1 fruit autorisé

3e jour
Cabillaud cuit à la vapeur
Tomates + aubergines à l'étouffée
2 yaourts nature ou 1 fruit autorisé

4ᵉ jour
Salade mélangée, vinaigrette n° 1
Omelette (2 œufs) aux herbes ou aux champignons
2 yaourts nature ou 1 fruit autorisé

5ᵉ jour
Filet de sole poché au citron
Poireaux cuits à l'eau avec vinaigrette n° 1
2 yaourts nature ou 1 fruit autorisé

6ᵉ jour
Salade de blanc de poulet, scarole, tomates, haricots verts cuits + 1/2 œuf dur, sauce salade à la moutarde n° 3
2 yaourts nature ou 1 fruit autorisé

7ᵉ jour
Darne de cabillaud au four + 1/2 oignon en rouelle, ail, persil, citron, 2 olives noires
2 tomates cuites au four avec le poisson
2 yaourts nature ou 1 fruit autorisé

8ᵉ jour
2 endives cuites roulées chacune dans 1/2 tranche de jambon, passées au four avec 3 cuillers à café de gruyère râpé allégé et 1 noix de beurre allégé
Salade verte + céleri en branches + concombre, sauce à la menthe n° 4
2 yaourts nature ou 1 fruit autorisé

9ᵉ jour
Salade verte + sauce vinaigrette n° 1
Pintade rôtie au four + navets émincés
2 yaourts nature ou 1 fruit autorisé

10ᵉ jour
Gratin de brocolis (cuits à la vapeur) à la crème de tofu (sauce n° 6)
1 tranche de rôti de veau froid
2 yaourts nature ou 1 fruit autorisé

11ᵉ jour
Chou blanc râpé, sauce salade n° 2 ou 3
Rôti de thon sur lit d'oignons et de tomates (cuisson douce 30 mn)
2 yaourts nature ou 1 fruit autorisé

12ᵉ jour
1 bol de potage chaud ou gaspacho (tomate + concombre)
Flan de légumes (courgettes ou poireaux émincés + 2 œufs battus + 1 tasse de lait de soja, sel, poivre, 3 cuillers à café de gruyère allégé râpé, cuisson à four doux 30 mn)

2 yaourts nature ou 1 fruit autorisé

13ᵉ jour
Salade de germes de soja + dés de tomate, concombre, maïs, céleri + sauce vinaigrette n° 1
Côte de veau débarrassée de son gras et grillée
Crème de fenouil (2 fenouils braisés puis mixés avec de la crème fraîche allégée + 3 pincées de parmesan et 1 cuiller à café de ciboulette)
2 yaourts nature ou 1 fruit autorisé

14ᵉ jour
Légumes crus (chou-fleur, champignons de Paris, branches de céleri, bâtonnets de concombre) trempés dans une sauce n° 2 ou 4
Omelette de 2 œufs aux herbes fines
2 yaourts nature ou 1 fruit autorisé

LES SUGGESTIONS DE SAUCES

N° 1 : Vinaigrette
1 cuiller à soupe de vinaigre de vin (ou moins suivant les goûts)
1 cuiller à soupe d'huile de tournesol
1 cuiller à café de levure de bière en paillettes
1 cuiller à café de sauce soja
Poivre, graines de lin ou de sésame (2 pincées) (facultatif)

N° 2 : Sauce au yaourt
1/2 yaourt
Jus de 1/2 citron
Sel et poivre

N° 3 : Sauce à la moutarde
Ajouter à la sauce n° 2, 1 cuiller à dessert de moutarde et bien mélanger

N° 4 : Sauce à la menthe
Ajouter à la sauce n° 2, 1 cuiller à soupe de menthe fraîche ciselée

N° 5 : Sauce au curry (sauce à gratiner)
2 cuillers à dessert de yaourt ou de crème fraîche allégée
Jus de 1/2 citron
1 cuiller à café de curry
Sel, poivre

N° 6 : Crème de tofu
Émietter 50 g de tofu nature
Ajouter :
1 cuiller à café de moutarde
1 cuiller à café d'huile d'olive vierge
Jus de 1/2 citron
Mixer le tout et ajouter un peu d'eau si nécessaire pour obtenir une crème onctueuse
Saupoudrer de parmesan râpé et gratiner

N° 7 : Mayonnaise minceur (1)

Monter la mayonnaise avec :
1 œuf dur
1 yaourt au soja
1 cuiller à café de moutarde
Un peu d'eau
Ajouter à volonté : cornichons hachés, morceaux d'olives vertes ou câpres

N° 8 : Mayonnaise minceur (2)

Mêmes ingrédients que pour la mayonnaise n° 7, en ajoutant à la préparation un blanc d'œuf battu en neige

N° 9 : Assaisonnement pour salade (1)

1 yaourt
1 citron
Vinaigre parfumé
Sel, poivre, fines herbes

N° 10 : Assaisonnement pour salade (2)

1/2 avocat broyé
2 cuillers à dessert de yaourt
Persil
1/2 échalote hachée
Jus de 1/2 citron

N° 11 : Assaisonnement pour salade (3)

1 yaourt
30 g de fromage de chèvre ou de roquefort haché
1 pointe de curry ou de moutarde à l'ancienne

N° 12 : Sauce légère (1)

1/2 cuiller à café de moutarde
Sel, poivre, aromates
Quelques gouttes de jus de citron
1/2 cuiller à café de vinaigre de cidre
2 cuillers à café de yaourt
Quelques gouttes d'eau

N° 13 : Sauce légère (2)

1 cuiller à café de graines de sésame moulues grillées
1 cuiller à café de yaourt
1/2 cuiller à café de paprika et de curry
Sel, poivre

N° 14 : Sauce légère (3)

2 cuillers à soupe de yaourt ou de crème fraîche allégée
1 cuiller à soupe de persil haché
1 cuiller à soupe de menthe fraîche ciselée
Sel, poivre
Quelques gouttes de jus de citron

N° 15 : Sauce pour accompagner des légumes cuits

1 tasse de jus de tomates fraîches
1 ou 2 échalotes
1 cuiller à dessert de flocons de purée
1 cuiller à soupe de Viandox
1 cuiller à soupe d'eau
3 pincées de parmesan râpé
Mettre à feu doux le jus de

tomate, l'eau, les flocons, les échalotes et le Viandox. Porter à ébullition, ajouter le fromage, couvrir et laisser cuire 2 mn.

N° 16 : Sauce béchamel

1/4 de tasse de lait de soja bouillant fouetté avec un jaune d'œuf battu
Quelques champignons émincés très fin
Sel, poivre, muscade

Des règles d'or pour conserver son poids idéal

Votre régime est terminé. Toute l'affaire est à présent de ne pas reprendre vos kilos superflus...

L'idéal serait bien sûr de continuer de vous alimenter le plus sainement possible en vous nourrissant de produits frais que vous préparez vous-même, en limitant les sucres rapides, les aliments riches en graisses, etc. S'il vous arrive d'acheter des aliments conditionnés, lisez soigneusement l'étiquette pour connaître les proportions de glucides, de lipides et de protéines qu'ils contiennent... et prenez garde aux produits dits « de régime » ou « light ». Il n'est pas rare que la version soi-disant light d'un aliment (tablette de chocolat, par exemple) contienne moins de sucre que la version classique, mais davantage de lipides, et soit donc plus calorique.

Pour vous aider à stabiliser votre poids, voici quelques règles d'or :

- Prenez le temps au petit déjeuner.
- Mangez du poisson toujours, de la viande parfois.
- Ne sautez jamais un repas.
- Mastiquez bien, soyez conscient que vous mangez.
- Évitez de lire ou de regarder la télévision en mangeant.
- Évitez les grignotages entre les repas.

- Réduisez l'alcool (un verre de vin par repas au maximum).
- Commencez vos repas par des crudités.
- Ôtez le gras du jambon, de la viande, des volailles.
- Ne buvez ni sodas ni limonade.
- Remplacez le sucre par un édulcorant.
- Adoptez une cuisson diététique : vapeur douce pour les légumes, poché, grillé, en papillote ou au micro-ondes pour les poissons ; grillé, à la broche, à la vapeur ou au micro-onde pour les viandes.
- Revenez à une alimentation plus naturelle et moins raffinée.

Et surtout, tous les matins et à jeun, pesez-vous. Si vous avez pris 500 g, perdez-les tout de suite en suivant un ou deux jours de diète niveau 1 du programme Spoonlight : 6 sachets de protéines[1] + légumes. Ce n'est qu'à ce prix que vous pouvez espérer garder le bénéfice du poids que vous avez perdu.

N'oubliez pas que vos cellules graisseuses, vidées par

---

1. Mode de préparation des sachets protéinés Spoonlight 1. Entremets : Versez la poudre du sachet dans un mixer et ajouter 150 à 200 ml d'eau minérale ou de lait à 0 %. Vous pouvez y incorporer un blanc d'œuf monté en neige pour obtenir une consistance plus légère. La préparation sera encore meilleure si vous laissez reposer environ 1 heure au réfrigérateur avant consommation. Potages : Versez la poudre du sachet dans un mixer avec de l'eau minérale chaude (surtout pas bouillante !) ou du lait chaud à 0 % et consommez immédiatement. Les potages peuvent être améliorés avec des petits morceaux de légumes (asperges, aubergines. bettes, brocolis, cardons, champignons de Paris, côtes de céleri, chou blanc, chou rouge, chou fleur, courgettes, endives, épinards, fenouil, navets, salade, radis), épaissis avec du vermicelle de soja (ébouillanter celui-ci préalablement) et agrémentés d'aromates, herbes diverses, sel de céleri et épices selon votre goût. Mais n'ajoutez ni ail ni oignon frais (qui contiennent des sucres).

le régime, sont toujours là, avides de se regonfler de gras, de reprendre leur volume ancien, voire plus. Votre vigilance doit toujours être en éveil, prête à déjouer le retour des kilos superflus.

En guise de bilan...

J'ai commencé le programme du Dr Houdret le 1er novembre 2000, et je pense que si je veux rester comme je suis, je devrai me surveiller toute ma vie. Et ça m'est bien égal, du moment que je me maintiens mince et en pleine forme. Pratiquement, je mange tous les jours du poisson, de la volaille ou de la viande (trois fois la semaine) avec des légumes, le tout combiné avec trois sachets de protéines. Je mange en plus le matin une tartine de pain complet avec 25 g de beurre salé et deux yaourts ou du fromage blanc comme dessert à midi. Je mange rarement des fruits dont je ne suis guère amateur (j'aime seulement les poires, les pommes, les framboises, les fraises et les mangues), mais je prends les vitamines prescrites par le Dr Houdret.

Mon extérieur a changé – non mon caractère, ou peut-être y a-t-il eu une légère amélioration...

J'ai tenu bon, sans compromis, et je suis content du résultat. Espérons que cela sera durable.

Le Dr Houdret m'a aussi donné de sages conseils pour que ma peau résiste bien à cette fonte des capitons, qu'elle demeure ferme. À un certain âge, cela peut vraiment poser problème.

K.L.

Tous les produits mentionnés dans ce chapitre sont distribués par : Laboratoires Sunrex/Institut Spoonlight, 12 rue Presbourg, 75016 Paris. Tél. : 01 56 28 14 32 – Internet : http ://www.sunrexparis.com

RECETTES

Que vous soyez en plein régime, en phase de consolidation ou que vous souhaitiez simplement contrôler votre poids, n'oubliez jamais de vous faire plaisir en mitonnant de bons petits plats : pour qu'un régime amaigrissant soit couronné de succès, il est plus que souhaitable que les trois repas quotidiens demeurent agréables et conviviaux.

Voici donc quelques suggestions de recettes pour aider à perdre vos kilos superflus (ou à ne pas les reprendre) en conservant le sourire. Il s'agit de recettes simples, ne requérant aucun talent particulier en matière d'art de la table – si l'on excepte un peu de patience et de méticulosité pour certaines – ni d'outillage particulier.

Pour vous guider dans le choix des recettes, référez-vous aux sigles qui précèdent chacune d'entre elles :

⊙ **Recettes régime :** cette recette trouve parfaitement sa place dans le cadre d'une diète Spoonlight.

☻ **Recettes minceur :** si vous êtes en phase d'amaigrissement, cette recette n'est pas encore pour vous, sauf à titre exceptionnel. En revanche, elle conviendra parfaitement dans le cadre d'une phase de stabilisation, ou pour toute personne qui souhaite manger bien mais aussi légèrement et sans fouler aux pieds le b.a.-ba de la diététique.

⊙ Des recettes pour commettre de petits excès
– sans trop d'excès, ou tout simplement pour surveiller sa ligne sans pour autant mettre sa famille ou ses convives à la diète.

Rappelons ici qu'un régime alimentaire ne doit jamais être entrepris sans contrôle médical dans les cas suivants : femmes enceintes, personnes âgées, enfants de moins de quinze ans, personnes souffrant d'une affection chronique (affection cardiaque, diabète...).

N'oubliez pas que le secret de la réussite d'un régime alimentaire réside au moins autant dans la surveillance de l'apport calorique que dans la régularité de la prise alimentaire : on maigrit davantage en divisant sa ration calorique quotidienne en plusieurs petits repas qu'en consommant le même nombre de calories en une seule fois, car la mise en route du processus digestif « brûle » le même nombre de calories, qu'il s'agisse d'une légère collation ou d'un repas copieux. L'idéal est donc de manger trois fois par jour sans jamais négliger le petit déjeuner, de boire beaucoup d'eau, et d'oublier l'alcool...

Certains lecteurs pourront être surpris par l'usage d'huile paraffine qui est parfois suggéré dans cet ouvrage. Cette huile d'origine minérale est totalement neutre, nulle en calorie, et elle traverse le tube digestif sans être digérée d'où un effet laxatif certain. Nous l'indiquons comme un moyen d'« allonger » une sauce à base d'huile sans ajouter de calorie. Toutefois, ce procédé est à utiliser avec mesure et prudence, surtout chez les personnes aux intestins sensibles.

Enfin, rappelons encore qu'il est totalement inutile de peser ce que vous mangez, dans la mesure où vous suivez à la lettre les recommandations diététiques du programme Spoonlight en ne choisissant que des aliments recommandés ou autorisés dans le cadre de ce régime.

À présent, à vos fourneaux, et bon appétit !

À boire !

La boisson la meilleure, la plus hygiénique, la plus diététique, celle que votre organisme réclame, c'est l'eau. Qu'elle soit du robinet, minérale, plate ou gazeuse, tout est bon. Buvez l'eau que vous aimez de façon à en consommer beaucoup mais ne vous forcez pas à boire, c'est ridicule. Si vous pensez boire d'une façon insuffisante, fixez-vous des repères dans la journée où vous boirez systématiquement un grand verre d'eau : par exemple au réveil et avant chaque repas.

Les autres boissons sont facultatives et fonction de vos goûts. L'alcool sous toutes ses formes est complètement déconseillé ; en revanche, le vin rouge peut être intégré dans le régime à la dose maximum de 2 verres ballons par jour, mais je vous conseille de fuir les vins blancs, y compris le champagne car ils sont plus caloriques.

Les boissons gazeuses et sucrées de type cola, sodas orange-citron, limonade, etc., ne sont conseillées que dans leur version light, où elles peuvent être bues sans limite (attention quand même à l'effet excitant de la caféine ou de ses équivalents).

Le lait écrémé ou demi-écrémé est évidemment très recommandé.

Karl Lagerfeld affectionne particulièrement pour l'apéritif une boisson au gingembre dont voici la recette :

Boisson au gingembre

Recette pour 2,5 l

- 500 g de gingembre frais
- 4 citrons verts
- feuilles de menthe (une dizaine)
- gros pot d'édulcorant en poudre (substitut du genre Canderel)

Éplucher le gingembre, le couper en rondelles, le broyer en ajoutant un peu d'eau. Laisser macérer dans environ 3 l d'eau pendant 3 heures avec les citrons coupés en quartiers et les feuilles de menthe.

Filtrer, ajouter l'édulcorant à volonté. Ajouter de l'eau suivant le goût. Conserver au réfrigérateur avant de servir (avec quelques feuilles de menthe dans la cruche).

Le petit déjeuner

Petit déjeuner été ☉
Pour une personne (260 calories)
- pomme coupée en morceaux et 100 g de fraises coupées en morceaux mélangées avec 1 yaourt à 0 % (sucrer au besoin avec un édulcorant)
- 1 tranche de pain complet avec beurre allégé
- 1 verre de jus d'orange
- Thé ou café (sucrer au besoin avec un édulcorant), avec ou sans lait écrémé.

Petit déjeuner hiver ☉
Pour une personne (274 calories)
- 1 œuf au plat (cuisiné sans gras dans une poêle antiadhésive)
- 1 tranche de pain complet avec beurre allégé
- 1 yaourt au soja nature (sucrer au besoin avec un édulcorant)
- 1 verre de jus de pamplemousse
- Thé ou café (sucrer au besoin avec un édulcorant), avec ou sans lait écrémé.

Le petit déjeuner, un repas indispensable

La première des bonnes résolutions à prendre pour conserver votre minceur après un régime, ou pour maigrir, est de faire au moins trois « vrais » repas par jour. Si vous avez tendance à grignoter, prévoyez une collation (par exemple à base de fruit ou de laitage).

Accordez au petit déjeuner toute l'importance qu'il mérite. Il est indispensable à la bonne répartition des apports sur la journée. Le déjeuner ne doit pas non plus être négligé car il permet d'éviter les fringales de l'après-midi. Le dîner, en revanche, doit être plus léger : c'est en fin de journée que l'organisme fait le plus de réserves.

Que manger au petit déjeuner ?

Les aliments indispensables au petit déjeuner sont les produits céréaliers (qu'il s'agisse de pain, baguette, céréales prêtes à consommer, petits pains grillés ou biscottes), qui garantissent l'énergie de la matinée, et les produits laitiers. En revanche, évitez les matières grasses, par exemple sous forme de viennoiseries (croissant, brioche, etc.) ; utilisez le moins possible de confiture et de beurre. Si vous aimez boire un bol de chocolat, préparez-le avec du lait écrémé ou demi-écrémé et au plus une cuiller à soupe de chocolat en poudre. Préférez le thé, le café, ou les boissons à la chicorée en y ajoutant un peu de sucre ou un édulcorant. Enfin, attention aux petits déjeuners salés ; remplacez les charcuteries par du jambon dégraissé ou du bacon ou, mieux encore, par de la charcuterie fabriquée à base de veau. Vous pouvez consommer un œuf, mais ne l'associez pas à de la charcuterie ou à du fromage.

Les soupes et les potages

Potage au citron ☉

Recette pour 4 personnes (65 calories par portion)
- 1 l de bouillon de poulet
- 30 g de riz cuit
- 1 jaune d'œuf
- 2 blancs d'œufs
- Le jus d'un citron
- Thym au goût
- Sel, poivre

Faire chauffer le bouillon. Lorsqu'il est très chaud, ajouter le riz. Dans une soupière, battre le jaune et les blancs d'œufs. Ajouter le jus de citron. Verser le bouillon brûlant et remuer sans arrêt jusqu'au moment de servir. Ajouter le thym. Saler, poivrer.

Potage printanier ☉

Recette pour 4 personnes (205 calories par portion)
- 500 g de carottes
- 300 g de navets
- 300 g de petits pois
- 250 g de haricots verts
- 2 branches de céleri
- 1 oignon
- 1/2 chou-fleur
- 1 l d'eau
- 1 feuille de laurier
- Persil
- Sel, poivre

Couper les légumes en morceaux. Les plonger dans l'eau bouillante. Ajouter la feuille de laurier. Cuire environ 30 minutes jusqu'à ce qu'ils soient tendres, mais pas trop cuits. Saler, poivrer. Servir dans une soupière et saupoudrer de persil haché.

Crème de brocolis ⊙

Recette pour 4 personnes (163 calories par portion)

- Une tête de brocoli
- 45 g de beurre allégé
- 1 petit oignon haché
- 30 g de farine
- 1/2 l de fond de volaille chaud
- 1/2 cuiller à café de basilic
- 1 cuiller à soupe de persil haché
- 1 feuille de laurier
- 1 jus de citron
- Sel, poivre

Placer les petits choux d'une tête de brocoli dans un grand bol d'eau froide avec le jus de citron, laisser reposer 1 heure, puis l'égoutter et le hacher. Mettre le beurre et l'oignon dans une casserole à feu moyen, laisser mijoter pendant 7 minutes en remuant de temps en temps. Ajouter la farine tamisée et cuire 3 minutes à découvert, à feu moyen.

Ajouter le reste des ingrédients et bien mélanger, couvrir partiellement et cuire 30 minutes à feu doux. Réduire en purée. Vérifier l'assaisonnement et servir.

Velouté de poireaux ⊙

Recette pour 4 personnes (135 calories par potion)

- 1 l de bouillon de poulet
- 400 g de poireaux
- 200 g de pommes de terre
- 1 oignon
- 1 gousse d'ail
- 125 ml de lait écrémé
- 125 ml de crème allégée
- Sel, poivre blanc

Couper les poireaux et les pommes de terre. Les plonger dans 1 l d'eau. Ajouter l'ail pilé. Cuire environ 10 minutes, puis passer le tout au mixer. Réchauffer et ajouter la crème, le sel, et le poivre blanc. Servir dans une soupière.

Saupoudrer de persil haché.

Crème d'endives ☉

Pour 4 personnes (172 calories par portion)

- 1 l d'eau
- 500 g d'endives
- 100 g de pommes de terre
- 1 oignon
- 1 gousse d'ail
- 125 ml de lait écrémé
- 125 ml de crème allégée
- Sel, poivre blanc

Couper les endives et les pommes de terre. Les plonger dans un litre d'eau. Ajouter l'ail pilé. Cuire environ 10 minutes. Passer au mixer. Réchauffer et ajouter le lait, la crème, le sel, et le poivre. Servir dans une soupière.

Crème de champignons ☉

Recette pour 4 personnes (90 calories par portion)

- 600 g de champignons blancs
- Jus de citron
- 30 g de beurre
- 1 oignon
- 1 l d'eau
- 250 ml de bouillon de poulet
- 15 g de farine
- 45 ml de crème allégée
- Persil haché
- Sel, poivre

Nettoyer les champignons. Les couper en lamelles et les arroser du jus de citron. Les faire cuire avec l'oignon dans 15 g de beurre jusqu'à ce qu'ils soient tendres.

Dans une autre casserole, faire fondre le beurre. Ajouter la farine. Bien mélanger et ajouter graduellement l'eau et le bouillon de poulet chauds. Remuer sans arrêt jusqu'à ce que le mélange soit bien tisse. Ajouter la crème. Assaisonner de poivre et sel au goût. Ajouter les champignons et l'oignon. Laisser mijoter pendant 5 minutes. Saupoudrer de persil haché.

Soupe à l'oignon gratinée ⊙

Recette pour 4 personnes (75 calories par portion)

- 400 g d'oignons émincés
- 1/4 de l de bouillon de bœuf
- 2 tranches de pain
- 40 g de fromage gruyère râpé
- Basilic
- Sel, poivre

Faire revenir les oignons émincés dans 125 ml de bouillon pendant quelques minutes. Ajouter le reste du bouillon et le basilic. Couvrir et laisser mijoter encore 15 minutes. Saler, poivrer. Pendant ce temps, faire griller le pain.

Déposer un peu de fromage au fond de 4 bols allant au four. Remplir avec le bouillon. Déposer le pain rôti coupé en morceaux sur le bouillon. Parsemer le fromage. Gratiner au four jusqu'à ce que le fromage soit fondu et grillé. Servir chaud.

Gaspacho ⊙

Recette pour 6 personnes (105 calories par portion)

- 3 grosses tomates
- 1 concombre moyen
- 2 verres de persil haché
- 1 verre de ciboulette haché
- 1 verre de cerfeuil haché
- 1 poivron vert
- 1 gousse d'ail
- 2 verres par personne de jus de tomate
- 1/2 verre environ, suivant le goût, de vinaigre de vin blanc
- 3 cuillers à soupe d'huile d'olive
- 1 jus de citron
- 1 cuiller à soupe de moutarde
- Tabasco
- 1 zeste de citron

Laver et éplucher les tomates et le concombre, laver et couper le poivron en morceaux.

Placer tous ces légumes dans un saladier. Ajouter l'ail pilé, le jus de tomate, le vinaigre, l'huile, le jus de citron, la moutarde et les assaisonnements. Bien mélanger. Servir froid. Décorer avec le zeste de citron et le persil haché.

Soupe de poissons ⊙

Recette pour 4 personnes (100 calories par portion)

- Arêtes et têtes de poissons
- Têtes de langoustines ou de crevettes
- 1/2 oignon
- 4 carottes
- 3 branches de céleri
- 3 tomates fraîches
- 1 pincée de poivre de Cayenne
- 1 bouquet garni
- Poivre en grains
- 4 clous de girofle
- 250 ml de vin blanc sec
- 1,5 l d'eau

Dans une grande casserole, mettre les arêtes et les têtes de poissons, les têtes de langoustines ou de crevettes, les légumes lavés et coupés en morceaux. Ébouillanter les tomates, les peler et les placer également dans la casserole. Ajouter le bouquet garni, une dizaine de grains de poivre, les clous de girofle, le poivre de Cayenne, le vin blanc et 1,5 l d'eau. Porter à ébullition et cuire pendant 30 minutes environ. Verser dans une passoire. Réserver le liquide. Passer le contenu de la passoire au mixer avec un peu du liquide de cuisson pour le rendre le plus fluide possible. Verser cette purée dans la soupe, puis passer à nouveau dans la passoire pour retenir les arêtes. Si elle est trop liquide, la faire bouillir encore quelques minutes.

Le potage, allié contre les excès de table

En cas d'excès de table, ne culpabilisez pas ! Ce n'est pas une catastrophe, mais vous avez raison de vouloir reprendre les choses en main. Bien s'alimenter signifie aussi savoir limiter ses excès. Quelques conseils pour passer au mieux les redoutables fêtes de fin d'année : limitez le volume de vos achats pour éviter d'avoir à terminer les restes pendant plusieurs jours. Prévoyez vos menus pour la semaine et tirez-en votre liste de courses. Essayez de vous y tenir et faites plutôt vos courses après le repas, pour éviter les tentations. Continuez à faire au moins trois vrais repas par jour : gardez un petit déjeuner et un déjeuner copieux et équilibrés. C'est surtout le repas du soir qui doit être contrôlé pour le rendre léger. Les premiers soirs, pour compenser plus rapidement les excès des fêtes, vous pouvez vous contenter d'un potage ou d'une salade accompagnée d'un peu de pain complet et d'un laitage.

Les entrées et les salades

Aubergines sautées au pamplemousse rose ⊙
Recette pour 4 personnes (120 calories par portion)
- 600 g d'aubergines
- 1 pamplemousse rose
- 2 cuillers à soupe d'huile d'olive
- Sel, poivre

Laver les aubergines, les éponger, retirer la queue et la peau du pédoncule, les débrider en tranches d'environ 1 cm d'épaisseur. Les placer sur une planche inclinée, les saupoudrer de sel, les laisser ainsi pendant 20 minutes pour qu'elles rendent leur eau, puis les éponger soigneusement. Peler le pamplemousse en veillant à ce qu'il ne reste aucun fragment de peau blanche, amère. Le débiter en petits cubes. Faire chauffer l'huile d'olive dans une cocotte. Y faire sauter ensemble aubergines et pamplemousse jusqu'à ce que tout soit bien doré, ce qui nécessite environ 25 minutes. Poivrer et servir.

Foies de volaille au poivron rouge ⊙

Recette pour 4 personnes (72 calories par portion)

- 100 g de foies de poulet
- 1 tomate (60 g)
- 1 poivron rouge (50 g)
- 2 oignons (100 g)
- 1 cuiller à soupe de cerfeuil haché
- 1 œuf dur
- 1/2 verre de jus de tomate
- Sel, poivre, thym, laurier
- Quelques feuilles de laitue

Faire cuire pendant 1/4 d'heure les foies de poulet dans une petite casserole, à feu très doux, couverts avec le jus de tomate, l'oignon haché, le thym, le laurier, le sel et le poivre.

Mouliner le tout avec l'œuf dur. Disposer sur une feuille de laitue une rondelle de poivron, une rondelle de tomate et 1/4 de la préparation arrondie à la boule à glace. Servir très frais.

Soufflé de tomates et poires ⊙

Recette pour 6 personnes (170 calories par portion)

- 1 kg de tomates
- 1 livre de poires (3)
- 3 œufs
- 1 cuiller à soupe de fécule de maïs
- 1 cuiller à soupe de grains de poivre rose
- 2 brins d'estragon
- 50 g de margarine allégée

Plonger les tomates dans de l'eau bouillante, les rafraîchir rapidement, les peler, les épépiner, les concasser, les mettre dans une terrine. Peler les poires, les couper en quartiers, ôter les pépins. Porter 1/2 l d'eau à ébullition, y faire cuire les poires 7-8 minutes, égoutter, écraser à la fourchette et ajouter dans la terrine. Saler, poivrer, ajouter l'estragon. Délayer la fécule de maïs dans 2 cuillers d'eau froide, l'ajouter au mélange. Préchauffer le four. Ajouter les jaunes d'œufs à la préparation. Bien mélanger à la fourchette. Battre les blancs en neige, les incorporer délicatement au mélange, à la spatule, en soulevant plutôt qu'en mélangeant. Enduire un plat à soufflé avec la margarine, y verser le mélange. Faire cuire 40 minutes au four.

Tomates au thon ☉

Recette pour 4 personnes (110 calories par portion)

- 4 belles tomates
- 4 belles feuilles de laitue
- 2 œufs durs
- 100 g de thon blanc au naturel
- 50 g de céleri haché
- 1 cuiller à soupe de moutarde
- 1 cuiller à soupe de fines herbes hachées
- Sel, poivre, 16 câpres

À l'aide d'un couteau pointu, enlever une petite rondelle sur le haut de chaque tomate. En sortir l'intérieur avec précaution. Saler légèrement et les retourner sur du papier absorbant pendant 30 minutes afin de les faire dégorger. Mélanger le thon, le céleri, les œufs, les fines herbes et la moutarde. Assaisonner. Farcir les tomates et servir garni des câpres sur un lit de laitue.

Melon saumoné ☉

Recette pour 4 personnes (90 calories par portion)

- 1 melon bien mûr
- 8 tranchettes de saumon fumé (60 g)
- 2 citrons

Couper le melon en 8 quartiers, retirer l'écorce et les graines. Placer sur chaque part une tranchette de saumon. Servir entouré de quartiers de citron.

Des repas bien structurés

Structurez bien vos repas aussi souvent que possible : une entrée à base de légumes crus ou cuits (ou un fruit) ; un plat principal composé de viande maigre ou un équivalent (poisson, volaille sans peau ou œufs), de féculents (pommes de terre, pâtes, riz, légumes secs...) et de légumes verts cuits ; un dessert pauvre en calories mais riche en vitamines et minéraux comme un fruit ou un produit laitier allégé.

Salade de tomates aux crevettes ☉

Recette pour 4 personnes (133 calories par portion)

- 1 kg de petites tomates allongées olivettes (10)
- 200 g de crevettes roses décortiquées
- 1 citron
- 1 cuiller à soupe d'huile d'olive
- Sel, poivre

Laver et éponger les tomates. Les couper en quartiers, les épépiner et les placer dans un saladier. Verser dessus les crevettes décortiquées. Presser le citron, verser le jus et l'huile dans le saladier. Saler et poivrer. Mélanger juste au moment de servir.

Salade de chou-fleur cru ☉

Recette pour 4 personnes (58 calories par portion)

- 1 chou-fleur moyen
- 1/2 botte de cresson
- Jus de citron
- 1 yaourt nature
- Moutarde de Dijon
- Sel, poivre

Laver le chou-fleur. Le diviser en petits bouquets et bien l'assécher. Laver et assécher le cresson. Mélanger le yaourt et la moutarde. Saler, poivrer. Délayer avec le jus de citron. Placer le cresson au fond d'un plat creux. Disposer les bouquets de chou-fleur par-dessus. Recouvrir de la sauce.

Salade niçoise ☉

Recette pour 4 personnes (265 calories par portion)

- 300 g de thon blanc en conserve
- 3 tomates moyennes
- 2 gros œufs durs
- 10 olives noires
- 16 feuilles de laitue
- 250 g de haricots cuits al dente
- Huile d'olive (2 cuillers à soupe)
- Huile de paraffine (2 cuillers à soupe)
- Vinaigre
- Moutarde de Dijon
- Sel, poivre

Dans un grand saladier, combiner le thon, les haricots verts, les feuilles de laitue déchirées en petits morceaux, les tomates coupées en dés et les olives. Disposer les œufs coupés en quartiers sur le mélange et réserver. Dans un bol, combiner l'huile d'olive, l'huile de paraffine, 2 cuillers à soupe d'eau, le vinaigre, la moutarde, le sel, le poivre, les mélanger au mixer jusqu'à ce que la préparation soit lisse. Recouvrir la salade avec la vinaigrette et servir immédiatement.

Salade de saumon ☉

Recette pour 4 personnes (125 calories par portion)

- 1 scarole
- 1 petit céleri rave
- 2 tomates
- 2 œufs durs
- 200 g de saumon
- Huile d'olive (2 cuillers à soupe)
- Huile de paraffine (2 cuillers à soupe)
- Vinaigre de vin
- Moutarde de Dijon
- Persil
- Sel, poivre

Découper le saumon en lamelles. Laver la salade et la couper en gros morceaux. Laver et râper le céleri rave. Combiner l'huile d'olive, l'huile de paraffine, le vinaigre, la moutarde, le sel, et le poivre et 2 cuillers à soupe d'eau. Bien mélanger au mixer pour obtenir une émulsion. Mettre les légumes dans un saladier. Disposer le saumon par-dessus. Arroser avec la vinaigrette. Saupoudrer d'œuf dur râpé et de persil haché. Servir immédiatement.

Salade aux concombres et aux pommes de terre ⊙

Recette pour 4 personnes (117 calories par portion)

- 800 g de concombres
- 400 g de pommes de terre
- Persil frais
- 1 yaourt nature
- Huile d'olive (2 cuillers à soupe)
- Huile de paraffine (2 cuillers à soupe)
- Jus de citron
- Sel, poivre

Faire cuire les pommes de terre entières dans l'eau salée. Laisser refroidir et les couper en rondelles. Peler et couper les concombres en fines rondelles. Combiner le yaourt, l'huile d'olive, l'huile de paraffine, 2 cuillers à soupe d'eau, le jus de citron, le sel et le poivre et passer au mixer. Dans un plat, mettre une couche de pommes de terre, une de concombres, ajouter le persil et couvrir avec l'assaisonnement. Laisser macérer au moins 30 minutes.

Salade de poulet aux champignons ⊙

Recette pour 4 personnes (60 calories par portion)

- 200 g de poulet
- 200 g de champignons
- 1 tomate
- Jus de citron
- Feuilles de laitue
- Persil frais
- Sel, poivre
- Vinaigrette à l'estragon (utiliser du vinaigre à l'estragon pour réaliser la recette de la vinaigrette, y ajouter si possible quelques feuilles fraîches ou un peu d'estragon en poudre)

Découper le poulet en lamelles et faire revenir celles-ci dans une poêle sans matière grasse. Saler, poivrer. Laver la salade. Épépiner et couper la tomate en bâtonnets. Nettoyer les champignons, les couper en lamelles et les citronner. Disposer sur les assiettes la salade, de la tomate, des champignons et du poulet. Arroser de la vinaigrette à l'estragon. Saupoudrer de persil frais haché. Servir aussitôt, afin que le poulet soit encore tiède.

Antipasto de légumes crus ☉

Choisir des légumes qui vous plaisent et les présenter dans des petits paniers. En voici une liste :

- Champignons (coupés en fines lamelles)
- Tomates crues
- Courgettes
- Bouquets de brocoli
- Bouquets de chou-fleur
- Radis
- Rondelles de concombres
- Bâtonnets de carottes
- Bâtonnets de céleri
- Haricots verts ou jaunes
- Poivrons verts, rouges

Servir avec de la sauce au concombre dans laquelle on trempera les légumes.

Salade de champignons ☉

Recette pour 2 personnes (87 calories par portion)

- 6 gros champignons blancs frais
- 15 ml d'huile d'olive
- 15 ml de vinaigre de vin blanc
- Persil frais
- 2 feuilles de laitue
- Sel, poivre
- 15 ml de moutarde de Dijon

Laver et assécher les champignons. Les couper en fines lamelles et les placer dans un bol décoré d'une feuille de laitue. Bien mélanger l'huile d'olive, le vinaigre, la moutarde. Assaisonner. Verser sur les champignons. Saupoudrer de persil frais haché.

Laitue farcie ☉

Recette pour 4 personnes (108 calories par portion)

- 1 laitue
- 4 carottes
- 200 g de champignons blancs
- 2 branches de céleri
- 300 g de fromage ricotta
- Quelques branches de menthe fraîche
- 5 brins de persil frais
- Sel, poivre

Éplucher les carottes. Laver et couper le céleri et les champignons. Citronner les champignons pour éviter qu'ils noircissent. Hacher la menthe et le persil. Passer tous les ingrédients, sauf la laitue, au mixer avec le fromage pour former une pâte où l'on distingue encore les morceaux de légumes. Laver la salade et l'assécher. Choisir de belles feuilles et déposer dans chacune une cuiller de farce. Enrouler la feuille sur elle-même et disposer en rangs serrés sur un plat de service.

Salade de choux ☉

Recette pour 4 personnes (80 calories par portion)

- 1/2 chou rouge
- 1/2 chou blanc
- 4 carottes
- Cerfeuil frais
- 5 ml de coriandre
- 15 ml de moutarde de Meaux
- 125 ml de yaourt nature
- Sel, poivre

Couper les feuilles de chou en fines lamelles. Blanchir le chou rouge en le trempant 2 minutes dans l'eau bouillante puis le passer à l'eau froide. Laver et râper grossièrement les carottes. Couper l'oignon en tranches fines. Préparer la sauce en ajoutant la moutarde, la coriandre, le sel, le poivre au yaourt. Mélanger le tout dans un saladier et saupoudrer de feuilles de cerfeuil frais.

Taboulé ☺

Recette pour 4 personnes (205 calories par portion)

- 125 ml de boulgour ou de semoule de blé
- 4 tomates
- 2 échalotes
- 1 poivron vert
- 1 salade romaine
- 1 bouquet de persil
- Jus de citron
- Huile d'olive
- Sel, poivre

Tremper le boulgour (ou la semoule) dans un peu d'eau chaude et le mettre de côté pendant 1 heure. Couper les tomates en dés. Hacher finement les échalotes et le persil.

Égoutter le boulgour et mélanger le tout avec le jus du citron, le sel, le poivre et un filet d'huile d'olive. Garnir un plat de service avec les feuilles de salade et y déposer le taboulé. Décorer avec une tranche de citron.

Salade de poissons à l'avocat ☺

Recette pour 6 personnes (171 calories par portion)

- 200 g de saumon
- 200 g de sole
- 1/2 avocat
- 1 tomate
- 2 citrons
- Quelques feuilles de salade
- Estragon
- 15 ml d'huile d'olive
- Sel, poivre

Couper les poissons cuits en fines lamelles. Laver et assécher la salade. Peler et couper l'avocat en bâtonnets de 2 mm d'épaisseur. Couper les tomates en dés. Préparer la vinaigrette avec le jus de citron, l'estragon haché, l'huile d'olive, le sel, le poivre. Garnir les assiettes avec les feuilles de salade. Y déposer des lamelles de poisson en alternant saumon et sole. Décorer avec les bâtonnets d'avocat et les dés de tomate. Recouvrir de vinaigrette et mettre au réfrigérateur 15 minutes avant de servir.

Salades d'entrée

Quelques idées de salades classiques à servir en entrée : carottes râpées (parfumées au jus d'orange), blancs de poireau en vinaigrette, mâche, scarole ou endives assaisonnées d'huile de noix (au maximum une cuiller à soupe par personne) et agrémentées de pommes. Des recettes plus originales : chou blanc parsemé de quartiers de pamplemousse, betteraves ou navets crus râpés, champignons à la sauce au yaourt et aux herbes. Par ailleurs, évitez les avocats : un demi-avocat contient l'équivalent d'une cuiller à soupe d'huile.

Pâté de volaille ☻

Recette pour 8 personnes (180 calories par personne)

- 500 g de viande de poulet désossé
- 200 g de porc maigre sans os
- 100 g de jambon blanc
- 2 œufs
- 1 oignon
- 5 échalotes
- 1 verre de cognac
- Laurier, thym, persil

Couper la viande en dés. Faire saisir et revenir à la cocotte le poulet, le porc et le jambon avec une feuille de laurier. Hacher finement l'oignon et les échalotes, le persil et le thym. Mélanger le tout et ajouter le verre de cognac et les œufs préalablement battus à la fourchette. Saler et poivrer au goût. Mettre la préparation dans une terrine et couvrir. Cuire au four chaud, au bain-marie, pendant environ 2 heures, puis laisser tiédir et démouler. Couper en tranches fines et placer sur un plat de service.

Empanadas argentins ☻

Recette pour 4 personnes (170 calories par portion)

Pour la pâte :

- 50 g de beurre
- 200 g de farine
- 125 ml d'eau
- 15 g de levure sèche

Délayer la levure dans un peu d'eau tiède, puis ajouter le beurre et le sel. Verser au centre de la farine. Pétrir la pâte jusqu'à ce qu'elle double de volume. Ensuite l'abaisser et découper 8 fonds de 12 cm de diamètre.

Pour la farce :

- 100 g d'oignons
- 200 g de pommes de terre
- 300 g de veau haché
- 45 ml de concentré de bouillon de bœuf
- 1 œuf
- 1 poivron vert
- Sel, poivre

Couper finement les oignons et le poivron. Les mélanger avec la viande, l'œuf, le bouillon et les pommes de terre coupées en dés. Saler et poivrer. Garnir de farce les 4 fonds et les recouvrir des autres. Badigeonner la pâte de jaune d'œuf. Cuire à four doux environ 1 heure.

Les œufs

Œufs cachés ⊙

Recette pour 4 personnes (120 calories par portion)
- 8 œufs
- 8 belles tomates
- Sel, poivre
- 2 gousses d'ail
- Estragon

Découper le haut de chaque tomate afin de pouvoir retirer une grande partie de leur chair avec une petite cuiller. Pratiquer délicatement afin de ne pas les abîmer. En saler l'intérieur et les renverser pendant une heure afin de les vider de leur eau. Poivrer. Casser un œuf dans chaque tomate. Assaisonner avec l'ail haché et l'estragon. Envelopper chaque tomate dans du papier d'aluminium. Placer à feu modéré au four pendant une vingtaine de minutes. Ôter le papier d'aluminium et servir très chaud.

Piperade légère ⊙

Recette pour 4 personnes (205 calories par portion)
- 6 œufs
- 5 poivrons verts
- 1 kg de tomates
- 1 piment fort
- 2 gousses d'ail
- 100 g de jambon maigre
- Sel, poivre, thym, laurier

Couper tomates, poivrons et piments en dés. Laisser cuire à feu doux pendant 20 minutes avec ail, jambon, sel, poivre, thym et laurier. Couvrir hermétiquement. Au moment de servir, ajouter les œufs brouillés et cuits auparavant sans matière grasse au bain-marie. Mélanger (il ne doit pas rester de liquide).

Omelette à l'aubergine ⊙

Recette pour 4 personnes (133 calories par personne)
- 6 œufs
- 800 g d'aubergine
- 2 échalotes
- Fines herbes
- Sel, poivre

Hacher les échalotes. Peler les aubergines et les couper en dés. Les faire revenir dans une poêle antiadhésive avec un peu d'eau. Après 5 minutes, saler, poivrer et ajouter les échalotes. Laisser cuire jusqu'à ce que l'eau soit évaporée. Battre les œufs à la fourchette et ajouter les fines herbes fraîches hachées. Saler et poivrer. Verser sur les aubergines. Faire cuire. Servir chaud.

Omelette aux girolles ⊙

Recette pour 4 personnes (69 calories par portion)
- 6 œufs
- 250 g de girolles
- 15 g de beurre
- Marjolaine
- Sel, poivre

Laver les girolles à l'eau vinaigrée. Trancher et frire les champignons dans le beurre. Saler, poivrer. Battre les œufs à la fourchette, ajouter la marjolaine, verser sur les girolles et cuire comme une omelette ordinaire. Servir aussitôt.

Œufs au four ☉

Recette pour 4 personnes (214 calories par portion)

- 4 œufs
- 250 ml de sauce tomate
- 400 g de haricots verts
- 100 g de jambon
- 12 pointes d'asperges
- Croûtons
- Persil

Répartir la sauce tomate dans 4 moules individuels. Ajouter les haricots verts cuits et le jambon coupé en dés. Cuire au four jusqu'à ébullition. Casser les œufs sur la sauce chaude, décorer avec des asperges et remettre un peu au four. Au moment de servir, saupoudrer de persil. Garnir de croûtons.

Les œufs, des alliés du régime

Les œufs sont extrêmement peu caloriques : 1 blanc d'œuf apporte 20 calories dont 0 g de lipides, et un jaune d'œuf 55 calories dont 5 g de lipides. En outre, les œufs ont l'avantage de remplir l'estomac et de calmer la faim. Ce sont donc d'excellents alliés du régime amaigrissant, à condition d'en faire une consommation modérée.

Œufs cocotte au cresson ☉

Recette pour 4 personnes (120 calories par portion)

- 4 œufs
- 150 g de fromage blanc allégé
- 1 botte de cresson
- 1 gousse d'ail
- 3 tomates
- 1 échalote
- Basilic frais
- Sel, poivre

Cuire le cresson à l'eau bouillante pendant 5 minutes avec l'ail pilé. Bien égoutter dans une passoire, puis le hacher et le mélanger au fromage blanc. Saler et poivrer. Utiliser 4 plats individuels. Disposer dans les plats le mélange fromage blanc-cresson, puis casser un œuf sur le dessus. Cuire au bain-marie au four préalablement chauffé. Pendant ce temps, préparer le coulis de tomates. Peler et hacher l'échalote et la faire revenir dans une poêle antiadhésive avec un peu d'eau. Ébouillanter les tomates, les peler et les épépiner, puis mettre la chair dans la poêle avec le basilic et le poivre. Cuire 20 minutes à feu moyen. Au moment de servir, napper les œufs avec le coulis.

Flans de cresson aux Saint-Jacques ☻
Recette pour 6 personnes (120 calories par portion)

- 1 botte de cresson
- 4 œufs
- 500 ml de lait
- 600 g de coquilles Saint-Jacques
- 3 échalotes
- 50 g de filet de poisson
- 1 jaune d'œuf
- 1 feuille de laurier
- Safran, sel, poivre
- 250 ml de vin blanc

Laver et blanchir le cresson à l'eau bouillante pendant 1 minute. Le passer au mixer. L'incorporer aux œufs battus et au lait. Saler et poivrer. Faire cuire au bain-marie pendant 30 minutes dans des moules individuels. Pendant ce temps, saler, poivrer les coquilles Saint-Jacques et les faire cuire dans une poêle antiadhésive bien chaude sans gras. Faire réduire très vite la moitié du vin blanc avec les échalotes, puis ajouter le reste du vin, le laurier et le filet de poisson. Faire mijoter à feu doux jusqu'à réduction de moitié. Passer le tout au mixer, puis ajouter le jaune d'œuf et un peu de safran. Passer à la passoire et réserver au chaud. Attention : cette sauce ne doit pas bouillir. Dresser les flans sur des assiettes, garnir de noix de Saint-Jacques et napper de sauce de poisson.

Soufflé de poisson ☺

Recette pour 4 personnes (220 calories par portion)

- 600 g de poisson
- 4 œufs
- 250 ml de lait écrémé
- 1 jus de citron
- 15 g de margarine allégée
- Marjolaine
- Sel, poivre

Faire cuire les morceaux de poisson à la vapeur de 6 à 8 minutes. Les laisser tiédir et les émietter. Y ajouter le lait tiède, le citron et la marjolaine. Saler, poivrer au goût. Battre les blancs d'œufs en neige ferme et les incorporer à la sauce en mélangeant très délicatement. Beurrer légèrement un moule à soufflé. Y verser la préparation et mettre au four moyen environ 30 minutes jusqu'à ce que le soufflé soit pris, gonflé et légèrement doré. Servir immédiatement.

Soufflé aux asperges ☺

Recette pour 4 personnes (240 calories par portion)

- 200 g de foies de poulet
- 1 kg d'asperges fraîches
- 4 œufs
- 150 g de fromage blanc maigre
- 15 g de beurre
- 15 g de farine
- Persil frais
- Sel, poivre

Faire revenir les foies de poulet dans une poêle anti-adhésive. Saler et poivrer, puis les couper en dés. Faire cuire les asperges dans de l'eau bouillante salée pendant 8 minutes environ. Les égoutter, couper les pointes et passer le reste au mixer. Battre les jaunes d'œufs dans un bol. Saler et poivrer, puis ajouter la farine. Incorporer au mélange la purée d'asperges, les foies, les pointes d'asperges, le persil haché et le fromage blanc. Battre les blancs d'œufs en neige ferme et les incorporer très délicatement à la préparation. Vérifier l'assaisonnement.

Mettre dans un moule à soufflé et laisser cuire pendant 20 minutes. Servir immédiatement.

Combien d'œufs consommer par semaine ?

Si vous n'avez pas de cholestérol, la consommation maximale recommandée est de six œufs par semaine, toutes préparations comprenant des œufs comprises. Dans le cas contraire, la consommation est à adapter à votre cholestérolémie. Dans tous les cas, veillez à la fraîcheur des œufs, et n'oubliez pas que, si les jaunes d'œufs sont un grand pourvoyeur de cholestérol, les blancs peuvent être consommés sans aucun danger. Ils entreront notamment avec profit, si vous les montez en neige, dans la confection de soufflés (préparés avec des sachets protéinés Spoonlight, ils vous permettront par exemple de confectionner un délicieux soufflé aux asperges ou aux champignons), de meringues, pour alléger une purée, etc.

Les crustacés et les poissons

Mousse de thon et de mûres ☻
Recette pour 4 personnes (400 calories par portion)
- 600 g de thon frais
- 1 cuiller à soupe d'huile
- 3 blancs d'œufs
- 150 g de mûres
- Sel
- 1 noisette de margarine allégée

Laver les mûres avec précaution, bien les laisser s'égoutter. Faire chauffer l'huile dans une poêle, faire dorer le thon de tous côtés. Saler et passer à la moulinette. Préchauffer le four à 180 ° C. Monter les blancs d'œufs en neige ferme. Incorporer délicatement celle-ci au thon. Beurrer un plat à bords hauts allant au four. Y mettre un tiers du thon, recouvrir de la moitié des mûres, ajouter une deuxième couche de thon puis la dernière partie des mûres, et finir par une couche de thon. Bien lisser la surface à la cuiller. Faire cuire 40 minutes au four. Après refroidissement, placer quelques heures au réfrigérateur. Démouler et servir en tranches épaisses de 1 cm environ.

Cabillaud aux cassis ☉

Recette pour 4 personnes (180 calories par portion)

- 4 darnes de cabillaud d'environ 150 g
- 200 g de cassis
- 1 cuiller à soupe d'huile d'olive
- 1 oignon
- Sel

Éponger soigneusement le cabillaud. Égrapper le cassis après l'avoir lavé et laissé égoutter. Peler et émincer l'oignon. Faire chauffer l'huile dans une large sauteuse, y faire blondir l'oignon. Ajouter le cabillaud, le faire dorer 5 minutes d'un côté. Saler. Tourner les darnes. saler. Ajouter le cassis et faire sauter encore pendant 5 minutes. Servir sur des assiettes chaudes.

Morue aux poivrons ☉

Recette pour 4 personnes (140 calories par portion)

- 400 g de filet de morue
- 250 ml de sauce tomate
- 2 poivrons verts
- 2 poivrons rouges
- 1 carotte
- 1 oignon
- 1 clou de girofle
- 1 feuille de laurier
- Romarin

Couper la morue en morceaux. Les mettre dans une casserole, couvrir d'eau froide, ajouter l'oignon émincé, la carotte coupée grossièrement, le clou de girofle et la feuille de laurier. Cuire à feu doux pendant 5 minutes. Égoutter le poisson. Faire revenir les poivrons coupés en lamelles dans une poêle antiadhésive avec un peu d'eau. Graisser un plat, verser la sauce tomate, ajouter une partie des poivrons, les morceaux de morue et le romarin. Couvrir le tout avec le reste de la sauce et des poivrons. Cuire quelques minutes au four. Servir immédiatement.

Moules marinières ☉

Recette pour 4 personnes (75 calories par portion)

- 2 l de moules
- 3 échalotes
- 2 gousses d'ail
- 1 oignon
- 1 pincée de thym
- 1 feuille de laurier
- 250 ml de vin blanc
- Persil frais
- Sel, poivre

Bien nettoyer et laver les moules. Hacher finement l'oignon, les échalotes, l'ail et le persil. Placer les moules dans une grande casserole. Ajouter les herbes et les condiments hachés. Mouiller de vin blanc. Couvrir et faire cuire à feu vif quelques instants.

Faire sauter les moules deux ou trois fois dans la casserole. Dès qu'elles sont ouvertes, leur cuisson est terminée. Les placer alors dans un plat de service. Laisser réduire le bouillon quelques minutes et rectifier l'assaisonnement. Verser sur les moules et servir immédiatement.

Écrevisses à la nage ☉

Recette pour 4 personnes (120 calories par portion)

- 2 douzaines d'écrevisses
- 300 ml de vin blanc
- 3 carottes
- 5 échalotes
- 1 oignon
- Estragon
- Thym
- 1 feuille de laurier
- Sel, poivre en grains

Émincer les carottes, les échalotes et l'oignon. Les faire cuire à la vapeur pendant quelques minutes. Dans une casserole, faire étuver les légumes et les mouiller au vin blanc. Ajouter l'estragon, le thym, le laurier, le sel et le poivre en grains. Faire réduire le bouillon de moitié, puis y faire cuire à couvert, pendant 12 minutes, les écrevisses châtrées.

Lotte au coulis de tomates fraîches ☻

Recette pour 4 personnes (145 calories par portion)
- 600 g de lotte
- Sel, poivre
- Quelques feuilles de fenouil
- Coulis de tomate (voir page 170)

Couper 8 médaillons de lotte. Les saler, les poivrer. Les faire cuire 8 minutes à la vapeur avec le fenouil. Servir bien chaud, après avoir nappé avec un coulis de tomates.

Filet de flétan à la moutarde ☺

Recette pour 4 personnes (175 calories par portion)
- 4 filets de flétan de 150 g chacun
- 250 ml de fumet de poisson
- 3 cuillers à soupe de moutarde de Meaux
- 45 ml de crème fraîche
- 15 g de farine
- Persil
- Sel, poivre

Faire cuire les filets de flétan salés et poivrés pendant 8 à 10 minutes à la vapeur. Pendant ce temps, délayer la farine dans le fumet de poisson. Faire bouillir quelques minutes à feu doux, y ajouter la moutarde. Saler, poivrer, puis incorporer la crème. Mettre un fond de sauce sur les assiettes et y déposer les filets de poisson. Saupoudrer de persil.

Pot-au-feu de la mer ☺

Recette pour 4 personnes (280 calories par portion)

- 300 g de morue
- 300 g de turbot
- 300 g de lotte
- 200 g de carottes
- 2 poireaux
- 3 branches de céleri
- Bouquet garni
- Persil
- 1 oignon
- Sel, poivre

Couper les poireaux, les carottes et le céleri. Faire un court-bouillon avec le gros sel, l'oignon piqué d'un clou de girofle, le bouquet garni. Dès que le court-bouillon est frémissant, ajouter les poireaux, les carottes et le céleri. Cuire 25 minutes. Ajouter alors le poisson et laisser cuire 15 minutes à feu doux. Égoutter le poisson. Servir avec des légumes et saupoudré de persil.

Poissons : à privilégier et à éviter

À privilégier : anguille, anchois frais et au naturel, flétan, hareng frais ou fumé, rollmops au vinaigre, maquereau frais, fumé et au vin blanc, roussette, sardine fraîche, saumon frais ou fumé, thon frais et au naturel, truite, œufs de poisson (caviar, œufs de lump).

À éviter : anchois à l'huile (en conserve), rollmops à la crème, sardines à l'huile, thon à l'huile (en conserve), poisson pané, poisson frit, croquettes de poisson.

Crevettes sauce à l'ail ☺

Recette pour 4 personnes (220 calories par portion)

- 8 tomates cerises
- 1/2 poivron vert
- Aneth frais
- 900 g de crevettes moyennes entières
- 45 ml d'huile végétale
- Persil frais
- 15 ml de sauce italienne
- 1 gousse d'ail
- Sel, poivre

Mettre les tomates dans un plat et les ébouillanter. Laisser tremper 2 ou 3 minutes. Les peler et les couper en morceaux. Rincer les crevettes décortiquées. Dans une grande poêle, mettre les tomates, le poivron coupé en lanières, l'oignon émincé, le persil, la sauce italienne, l'aneth et l'ail pilé. Cuire à feu doux pendant 2 minutes. Saler, poivrer. Ajouter les crevettes et laisser cuire environ 8 minutes, jusqu'à ce qu'elles soient tendres. Brasser souvent pendant la cuisson. Servir immédiatement.

Calamars frits ☺

Recette pour 4 personnes (200 calories par portion)

- 800 g de petits calamars
- 255 g de tomates
- Huile d'olive
- 2 gousses d'ail
- Persil
- Sel, poivre

Décortiquer les calamars, puis les couper en lanières. Couper les tomates en morceaux. Émincer l'oignon. Cuire l'oignon, l'ail pilé et la moitié du persil dans l'huile jusqu'à ce que l'oignon devienne transparent. Ajouter les tomates et le reste des ingrédients. Laisser mijoter environ 8 minutes. Les calamars trop cuits deviennent caoutchouteux : vérifier régulièrement la cuisson.

Sole aux épinards ☉

Recette pour 4 personnes (155 calories par portion)

- 4 filets de sole de 150 g chacun
- 125 g de fromage ricotta écrémé
- 1 petit oignon
- 1 gousse d'ail
- 250 g d'épinards frais
- Persil frais
- 125 ml de vin blanc sec
- Jus de 1/2 citron
- Sel, poivre

Faire cuire les épinards, l'oignon émincé et l'ail pilé. Mélanger ensuite les légumes avec le fromage. Farcir les filets et les replier à chaque extrémité. Les maintenir fermés avec un cure-dent. Cuire à four chaud environ 10 minutes en arrosant régulièrement les filets du jus de cuisson.

Moules aux poivrons ☉

Recette pour 4 personnes (345 calories par portion)

- 1 kg de très grosses moules d'Espagne
- 300 g de poivrons rouges et jaunes
- 3 petits oignons blancs secs
- 1 petit piment frais
- 2 cuillers à soupe d'huile d'olive
- 1 cuiller à soupe de persil ciselé
- Sel, poivre

Gratter les moules, les laver puis les ébarber délicatement. Les mettre dans une cocotte sur feu vif, couvrir. Laisser les moules s'ouvrir en les tournant de temps en temps. Lorsqu'elles sont toutes ouvertes, retirer la cocotte du feu et laisser au chaud. Couper les poivrons en tout petits cubes. Peler les oignons et les hacher finement. Verser l'huile dans une sauteuse, ajouter les oignons, faire cuire 3 minutes en tournant souvent. Couper le piment en petits morceaux, l'ajouter ainsi que le persil, mélanger et retirer du feu. Séparer chaque moule de sa coquille vide, poser la pleine sur un plat pouvant les contenir horizontalement. Répartir dans chaque coquille une cuiller à café du mélange aux poivrons. Placer le plat sous le gril du four et laisser cuire 5 minutes. Servir chaud.

Dorade au fenouil ☺

Recette pour 4 personnes (250 calories par portion)

- 1 dorade de 1,5 kg
- 4 bulbes de fenouil
- 1 oignon
- 1 gousse d'ail
- 125 ml de vin blanc
- 3 feuilles de laurier
- Poivre

Émincer l'oignon. Bien nettoyer les bulbes de fenouil et les émincer. Hacher l'ail. Placer le tout dans un plat allant au four et arroser avec le vin blanc et 200 ml d'eau. Poivrer. Ajouter le laurier. Couvrir et mettre au four chaud environ 20 minutes. Sortir du four. Déposer le poisson entier sur les légumes et cuire au four encore 15 minutes en arrosant à l'occasion. Pour servir, enlever la peau du poisson, puis recouvrir de légumes.

Protéines animales : quelques équivalences

125 g de poisson maigre, crustacés, coquillages (18 huîtres et 24 moules en moyenne) = 100 g de viande maigre : veau, bœuf maigre : gibier, filet de porc maigre, cheval, lapin, volaille sans peau, abats (sauf canard et oie) = 2 tranches de jambon cuit dégraissé (100 g) = 2 œufs = 70 g de fromage maigre à 25 % = 300 g de yaourt maigre nature ou fromage blanc à 0 % = 150 g de fromage blanc à 20 %.

Loup à l'orange d'été ☺

Recette pour 6 personnes (366 calories par portion)

- 1 loup vidé mais non écaillé (2 kg)
- 3 oranges d'été
- 2 cuillers à soupe d'huile d'olive
- 4 pincées de sésame
- Sel

Éponger le loup, le saler à l'intérieur. Préchauffer le four à 200 °C. Laver et essuyer les oranges. Prélever le zeste de l'une d'entre elles. Presser le jus des 3 autres. Répartir le sésame et le zeste dans le loup. Placer le loup dans un plat allant au four. L'arroser d'huile, faire griller 10 minutes, arroser avec le jus d'orange et faire cuire encore 5 minutes.

Lotte pochée au vin ☺

Recette pour 6 personnes (170 calories par personne)

- 1 kg de lotte
- 50 g d'oignons
- 50 g de carottes
- 250 ml de vin rouge sec
- 125 ml d'eau
- 1 jus de citron
- 1 gousse d'ail
- Graines d'aneth
- Persil
- Sel, poivre

Dans une grande casserole, combiner les légumes, les assaisonnements, le vin et l'eau. Porter à ébullition. Réduire le feu. Placer le poisson sur les légumes. Couvrir et cuire environ 15 minutes. Dresser sur un plat de service. Passer la sauce à la passoire et en napper le poisson. Servir immédiatement.

Les viandes

Veau aux quetsches ☉
Recette pour 6 personnes (360 calories par portion)

- 800 g d'épaule de veau en morceaux
- 4 échalotes
- 1 noix de margarine allégée
- 1 dl de vin blanc sec
- Sel, poivre
- 400 g de quetsches

Peler et émincer les échalotes. Faire fondre la margarine allégée dans une cocotte. Y faire blondir les échalotes. Ajouter le veau, le faire dorer en remuant très souvent et en veillant bien à ce que les échalotes ne roussissent pas, ce qui leur donnerait de l'amertume. Ajouter le vin blanc, saler, poivrer, bien mélanger. Couvrir et faire cuire à feu très doux 50 minutes. Laver les prunes, les essuyer, les ajouter, couvrir, laisser encore mijoter 10 minutes avant de servir.

Dindonneau aux pêches de vigne ☉
Recette pour 6 personnes (366 calories par portion)

- 1 dindonneau de 3 kg environ
- 8 pêches de vigne
- 100 g de lard maigre fumé
- 2 noix de margarine allégée
- 4 échalotes
- 2 dl de vin blanc sec
- Sel, poivre

Mettre les pêches dans un légumier, les couvrir d'eau bouillante, laisser reposer 5 minutes. Les égoutter, les peler, les fendre en deux, en retirer le noyau. Peler et émincer les échalotes. Préchauffer le four à 240 °C. Préparer une farce avec les pêches, les échalotes et le vin blanc. En farcir l'intérieur du dindonneau. Débiter le lard en très petits lardons. Les placer dans une lèchefrite, y déposer le dindonneau. Faire cuire au four 1 h 50 en arrosant avec le jus de cuisson et en retournant le dindonneau régulièrement.

Cailles aux myrtilles ☺

Recette pour 4 personnes (225 calories par portion)

- 4 cailles
- 200 g de myrtilles
- 4 bardes de lard frais très maigre (40 g)
- Sel
- 2 noix de margarine allégée
- 1 dl de vin blanc sec
- 4 feuilles de sauge
- Ficelle de cuisine

Laver, équeuter et égoutter les myrtilles. En farcir les cailles, saler. Disposer une barde sur chaque caille, y glisser une feuille de sauge, ficeler.

Faire fondre la margarine dans une cocotte, y faire dorer les cailles de tous les côtés. Mouiller avec le vin blanc, couvrir. Laisser mijoter 15 minutes.

Mousse de jambon aux framboises ☻

Recette pour 4 personnes (415 calories par portion)

- 400 g de jambon cuit
- 150 g de framboises
- 3 œufs
- 1 dl de crème fraîche allégée
- Sel, poivre
- 1 noix de beurre

Hacher ou mouliner le jambon. Casser les œufs, les saler, les ajouter au jambon avec la crème allégée. Préchauffer le four à 180 °C. Beurrer un plat à gratin, y disposer la moitié du mélange de jambon, les framboises, puis l'autre moitié du jambon. Bien lisser la surface. Dans un plat plus grand allant au four, placer une feuille de papier sulfurisé. Y verser de l'eau sur 2 cm environ. Placer le plat garni de mousse dans le bain-marie et faire cuire au four 35 minutes. À manger chaud ou froid.

Débusquer la « graisse cachée » des viandes

Pour contrôler son poids, le choix des viandes est primordial, car leur teneur en « graisses cachées » peut osciller entre 5 et 25 % selon les morceaux. On peut ainsi très bien concevoir un chili con carne à partir de bœuf haché à 5 % de matières grasses, alors que la viande utilisée pour ce genre de plat en contient habituellement 15 ou 20 %. Il convient de jouer sur les aromates (tomates, tabasco, oignons, herbes...) pour garder au plat toute sa saveur. Si l'on retire le gras visible dans l'assiette, certains morceaux de viande grasse deviennent maigres. C'est le cas du porc.

Rôti de veau aux cerises ☺

Recette pour 4 personnes (473 calories par portion)

- 800 g de rôti de veau
- 2 oignons
- Une noix de margarine allégée
- Sel, poivre
- 2 dl de vin blanc sec
- 400 g de cerises (de préférence fermes)

Laver les cerises, bien les laisser s'égoutter. Peler et émincer les oignons. Faire fondre la margarine dans une cocotte, y faire dorer les oignons, ajouter la viande, la faire rôtir de tous les côtés en veillant à ce que les oignons ne roussissent pas. Saler, poivrer, ajouter le vin, retourner le rôti. Couvrir, laisser mijoter à feu doux 50 minutes. Ajouter les cerises, laisser encore mijoter 10 minutes à couvert.

Pintade aux cerises ☉

Recette pour 4 personnes (445 calories par portion)
- 1 pintade de 1,2 kg environ
- 16 cerises
- Sel, poivre
- 3 noix de margarine allégée
- 100 g de champignons de Paris frais
- 8 échalotes

Laver et essuyer les cerises. Saler et poivrer la pintade. Faire fondre la margarine dans une cocotte, y faire dorer la pintade de tous côtés. Saler et poivrer. Ajouter les cerises à la pintade, couvrir. Poursuivre la cuisson 15 minutes. Pendant ce temps, peler les échalotes et nettoyer les champignons, hacher le tout. Ajouter dans la cocotte. Couvrir. Poursuivre la cuisson 50 minutes en retournant la pintade deux ou trois fois.

Escalopes de veau au romarin ☉

Recette pour 2 personnes (270 calories par personne)
- 300 g d'escalope de veau
- Romarin séché
- Sel, poivre

Saupoudrer les escalopes de romarin suivant votre goût. Griller à feu vif des deux côtés. Saler, poivrer.

Lapin aux tomates ☉

Recette pour 4 personnes (308 calories par portion)

- Un jeune lapin découpé (environ 800 g)
- 4 gousses d'ail hachées
- 4 échalotes hachées
- 100 g de carottes râpées
- 200 g de champignons émincés
- 10 g de farine
- 300 g de tomates pelées, coupées en quartiers
- 1 cuiller à soupe de persil haché, thym, laurier
- Sel, poivre, un verre d'eau

Mélanger ail, échalotes, carottes, persil et poivre. Mettre le tout dans une cocotte. Ajouter le vin blanc. Laisser mijoter à couvert pendant 10 minutes. Ajouter le lapin découpé en morceaux, le thym, le laurier et l'eau. Laisser cuire pendant 40 minutes. À mi-cuisson, ajouter les champignons, les tomates et la farine délayée dans un peu d'eau froide. Vérifier l'assaisonnement et servir.

Chich kebab ☉

Recette pour 2 personnes (300 calories par portion)

- 250 g d'agneau maigre
- Tomates cerises
- 1 oignon
- Citron
- Thym

Couper la viande en cubes et l'oignon en morceaux. Garnir les brochettes en alternant les rondelles de citron, les morceaux d'oignon, les tomates et les cubes de viande. Saupoudrez de thym. Cuire sous le gril environ 8 minutes, jusqu'à ce que la brochette soit dorée de tous les côtés.

Quelles sont les viandes maigres ?

Ce sont les volailles : poulet, pintade, dinde – à condition de les débarrasser de leur peau – et le jambon – à condition d'enlever le gras qui l'entoure. Les abats sont aussi très maigres sauf la cervelle et la langue. Les œufs peuvent remplacer la viande à raison de quatre à six par semaine (ils sont aussi présents dans de nombreuses autres préparations). Quant aux produits de la mer, sont maigres tous les poissons à chair blanche, ainsi que les coquillages et les crustacés.

Poulet aux olives ☺

Recette pour 4 personnes (280 calories par portion)

- 600 g de blanc de poulet
- 300 g d'oignons
- 300 g de carottes
- 24 olives vertes dénoyautées
- 50 ml de vin blanc
- 50 ml de bouillon de légumes
- Huile
- Persil
- Sel, poivre

Couper le poulet en morceaux. Saler et poivrer. Les faire revenir dans un peu d'huile, en les retournant une fois, jusqu'à ce que les morceaux soient bien dorés des deux côtés. Les égoutter sur un papier absorbant. Cuire les carottes coupées en fines rondelles et les oignons émincés dans de l'eau salée. Les égoutter. Dans une casserole, mettre le poulet, les légumes, les olives, le vin et le bouillon de légumes. Laisser réduire quelques minutes. Déposer sur un plat de service et saupoudrer de persil.

Oui aux plats mijotés... mais gare à la préparation

Surveiller son alimentation ne signifie pas qu'il faille se priver des plaisirs de la table, notamment des plats mijotés, un des plaisirs de l'hiver. Mais pour éviter que votre poids s'en ressente, adaptez les plats traditionnels avec les moyens d'aujourd'hui.

Jouez sur les graisses visibles. Les sauces peuvent être allégées. Le mode de cuisson entre aussi en ligne de compte. Pour diminuer voire supprimer les graisses de cuisson, utilisez sans modération le four (rôtis, grillades, papillotes...), le gril, la cuisson à l'eau (en dégraissant bien s'il y a lieu) et la cuisson au four à micro-ondes.

Blancs de poulet à la feuille de chou ☺

Recette pour 4 personnes (250 calories par portion)

- 5 blancs de poulet
- 1 chou vert
- 1 blanc d'œuf
- 200 g de champignons
- 100 g de fromage blanc à 20 %
- 3 carottes
- 45 ml de crème allégée
- 250 ml de bouillon de volaille
- 2 échalotes
- 250 ml de vin blanc sec
- Sel, poivre

Passer 1 blanc de volaille, le fromage et le blanc d'œuf au mixer jusqu'à l'obtention d'une mousse. Saler et poivrer. Hacher la moitié des champignons et les mélanger à la mousse. Effeuiller le chou et le faire blanchir dans l'eau bouillante environ 3 minutes. Prendre 2 feuilles de chou, y déposer un blanc de poulet puis un peu de mousse. Rouler le tout. Recommencer 4 fois cette opération. Faire cuire à la vapeur pendant 20 minutes. Pendant ce temps préparer la sauce. Cuire les carottes coupées et les échalotes dans le vin et le bouillon. Faire réduire de moitié. Passer le tout au mixer, puis ajouter la crème et faire cuire à feu doux trois minutes. Napper le fond du plat de cette sauce et y déposer les blancs de volaille.

Cailles flambées ☻

Recette pour 4 personnes (255 calories par portion)

- 8 cailles
- 4 grosses oranges
- 1 citron
- 1 verre de liqueur de Grand Marnier
- 500 ml de vin blanc sec
- Thym
- Romarin
- Sel, poivre

Vider les cailles et bien les nettoyer. Les faire mariner pendant 24 heures dans le vin et les herbes. Égoutter les cailles et les faire cuire au four chaud pendant 10 minutes, jusqu'à ce qu'elles soient légèrement dorées. Arroser souvent de marinade. Couper les oranges et le citron en deux. Les presser. Verser ce jus sur les cailles et les faire cuire 5 à 10 minutes en arrosant de leur jus. Placer chaque caille dans 1/2 écorce d'orange. Disposer sur un plat de service. Faire bouillir le Grand Marnier, puis le verser sur les cailles et le flamber. Servir le jus de cuisson dans une saucière.

Aiguillettes de canard aux champignons ☉
Recette pour 4 personnes (290 calories par portion)

- 1 canard
- 200 g de champignons
- 1 citron
- 1 feuille de laurier
- 100 ml de vin rouge
- 1 oignon
- Basilic
- Sel, poivre

Faire des filets avec le canard. Découper la carcasse en morceaux. La faire revenir dans une casserole avec l'oignon. Jeter le surplus de graisse et déglacer la casserole avec le vin. Faire réduire jusqu'à évaporation presque complète du liquide. Ajouter 500 ml d'eau et le laurier, puis laisser cuire environ 1 heure. Mettre les champignons entiers arrosés du jus de citron dans une casserole, ajouter le basilic et faire cuire pendant 5 minutes. Passer au mixer. Passer la sauce dans une passoire puis la faire réduire. Y ajouter la purée de champignons. Vérifier l'assaisonnement. Faire saisir les filets de canard 4 minutes de chaque côté dans une poêle antiadhésive. Les escaloper et les napper de sauce, puis servir.

Côtes d'agneau grillées à la menthe ☉

Recette pour 4 personnes (350 calories par portion)
- 8 côtelettes filet d'agneau
- Huile d'olive
- Menthe fraîche

Badigeonner les côtelettes avec un peu d'huile. Laisser macérer 20 minutes. Hacher finement la menthe sauf quelques feuilles pour la présentation. Rouler les côtelettes d'agneau dans ce mélange. Cuire sous le gril. Servir décoré de feuilles de menthe.

Foie de veau aux fraises des bois ☺

Recette pour 4 personnes (216 calories par portion)
- 4 tranches de foie de veau de 120 g environ
- 1 noix de margarine allégée
- 400 g de fraises des bois
- Sel, poivre au moulin
- 1 citron

Faire fondre la margarine dans une poêle, y faire dorer le foie des deux côtés, en le retournant avec une spatule et non pas avec une fourchette qui en piquant ferait sortir le sang. La cuisson totale ne devrait pas excéder 10 minutes. Saler, poivrer. Presser le citron. Disposer le foie sur un plat de service chaud. Verser le jus de citron dans la poêle, ajouter les fraises, les tourner délicatement avec la spatule pendant qu'elles chauffent. Verser sur le plat autour du foie et servir aussitôt.

Poulet aux champignons et au vin blanc ☉

Recette pour 8 personnes (255 calories par portion)

- 100 g de champignons de Paris
- 8 blancs de poulet
- 1 oignon
- 15 ml d'huile d'olive
- 150 ml de vin blanc sec
- 50 ml de bouillon de volaille
- Persil frais
- 500 g de tomates
- Basilic

Ôter la peau des blancs de poulet. Couper l'oignon. Faire chauffer l'huile dans une poêle et ajouter l'oignon. Faire revenir les morceaux de poulet. Ajouter le vin blanc, le persil haché, le basilic et les tomates égouttées coupées en dés. Trancher les champignons en fines lamelles. Les ajouter au mélange, couvrir et laisser cuire à feu doux pendant 10 minutes. Servir chaud.

Agneau braisé sauce au vin ☉

Recette pour 6 personnes (350 calories par portion)

- 900 g de gigot
- Huile d'olive
- 1 oignon
- 2 gousses d'ail
- Romarin
- 125 ml de vin rouge sec
- 125 ml de sauce italienne

Couper la viande en petits cubes. Dans une poêle, faire revenir l'agneau et l'ail pilé jusqu'à ce que la viande soit dorée. Ajouter le vin, le romarin et la sauce, puis amener à ébullition. Réduire ensuite le feu et laisser mijoter environ 10 minutes. Si nécessaire, ajouter un peu plus de sauce.

Steak flambé ☻

Recette pour 4 personnes (325 calories par portion)

- 4 tranches de filet de bœuf
- 15 g de beurre allégé
- 15 ml d'huile d'olive
- 125 ml de vin rouge sec
- 45 ml de cognac
- Poivre du moulin

Faire chauffer l'huile et le beurre dans une poêle. Y faire dorer la viande. Verser le vin et diminuer le feu. Ne pas trop faire cuire la viande. Poivrer. Chauffer le cognac, puis verser sur la viande à la fin de la cuisson et faire flamber. Servir immédiatement et arroser les steaks de sauce.

Pintade rôtie à l'estragon ☺

Recette pour 4 personnes (350 calories par portion)

- 1 belle pintade
- 100 g de foies de volaille
- Estragon haché
- 100 g de cheddar
- 1 morceau de pain dur
- 100 ml de lait
- 125 ml de vinaigre de vin
- Sel, poivre

Faire tremper la mie de pain dans le lait chaud. Passer au robot culinaire le fromage, l'estragon, le sel, le poivre et les foies de volaille (y compris celui de la pintade), y ajouter le pain trempé. Farcir la pintade de ce mélange. Mettre dans un four moyen et cuire environ 40 minutes. Arroser à plusieurs reprises avec un peu d'eau mélangée de vinaigre. Pour servir, présenter la pintade découpée en morceaux.

Carpaccio ☺

Recette pour 4 personnes (275 calories par portion)

- 500 g de filet de bœuf
- Jus de 2 citrons
- 30 ml d'huile d'olive
- 5 ml de poivre noir
- Persil

Placer le filet au congélateur pendant 2 heures afin de pouvoir le couper plus facilement. Découper la viande en tranches très fines presque transparentes. Les étaler sur 4 assiettes. Mélanger le jus de citron, l'huile, le persil et le poivre. Verser sur la viande et servir.

Côtelettes de veau au four ☺

Recette pour 4 personnes (260 calories par portion)

- 4 côtelettes de veau de 2 cm d'épaisseur
- 125 g d'oignons
- 125 g de céleri
- 125 ml de vin blanc sec
- 125 ml de bouillon de volaille
- 15 g de farine
- 1 gousse d'ail
- Thym
- Sel, poivre

Assaisonner les côtelettes avec le thym, le sel et le poivre. Dans un plat allant au four, déposer la viande, les oignons émincés, l'ail pilé et le céleri tranché mince. Ajouter le vin et le bouillon et faire cuire au four, à découvert, pendant environ 1 heure. Retirer les côtelettes et passer la sauce à la passoire, puis l'épaissir avec la farine. Verser sur les côtelettes.

Le gibier peut-il s'accommoder avec un régime minceur ?

Les gibiers (faisan, caille, chevreuil, lièvre, pigeon, sanglier...) ont une teneur en lipides réduite, de l'ordre de 3 à 5 g pour 100 g. Ils sont toutefois particulièrement riches en acide urique. Ils sont donc contre-indiqués si vous avez tendance à souffrir de crises de goutte.

Pour limiter les graisses de cuisson, utilisez des fonds de sauce en poudre. Parfumez-les en utilisant du vin ou de la bière : l'alcool s'évapore en cuisant. Pensez aux fruits, qui se marient très bien avec les gibiers (airelles, pommes, raisins, poires), et aux champignons (cèpes, girolles...). Réalisez de savoureuses marinades : vin rouge, oignons, carottes, laurier, thym, poivre, baies de genièvre, clous de girofle ; elles attendriront la chair et la parfumeront agréablement. De même pensez à farcir le gibier avec une base de petits suisses à 20 % de matière grasse ; la viande n'en sera que plus tendre, et guère plus grasse.

À table

Dans ma vie, j'ai eu l'occasion de livrer mes papilles à la cuisine du monde entier. Après avoir tout essayé ou presque, mon désir maintenant est d'avoir une alimentation savoureuse, ciblée et respectueuse de mon régime, afin que je n'aie pas à renoncer à la ligne retrouvée. Mes menus sont composés d'après les indications de mon médecin et je mange avec appétit ce que mon chef de cuisine me prépare, c'est assez bon ! J'apprécie aussi ses petites trouvailles comme le fait de mélanger mes compléments protéinés à la sauce, la soupe ou le soufflé.

Jamais de ma vie je n'ai autant consommé de poisson, de volaille ou de viande de veau, et je m'en trouve merveilleusement bien. Je me demande si je serais encore capable aujourd'hui d'avaler une entrecôte saignante. Lorsque je reçois à dîner, ce qui n'est pas rare, mon chef de cuisine compose le menu de tous en tenant compte des conseils de mon médecin. Si le plat principal n'est pas du poisson, il me prépare une portion à part, je l'accompagne de mon cher Pepsi Max, et personne ne remarque quoi que ce soit.

K.L.

Les pâtes et pizza

Spaghettis au saumon ☺
Recette pour 4 personnes (380 calories par portion)

- 1 courgette émincée
- 16 haricots mange-tout
- 12 tomates cerises
- 250 g de spaghettis
- 4 minces tranches de saumon fumé coupées en grosses lanières
- 1 cuiller à soupe d'huile d'olive
- 1/2 cuiller à café de basilic
- 2 cuillers à soupe de persil haché
- Sel, poivre
- 4 cuillers de parmesan râpé

Faire cuire les spaghettis al dente. Les garder au chaud. Mettre 1 cuiller à soupe d'huile d'olive dans une casserole d'eau, ajouter les légumes et assaisonner ; couvrir et cuire 5 minutes. Égoutter. Incorporer les pâtes chaudes. Ajouter les lanières de saumon, le beurre et le persil. Laisser reposer une minute à couvert. Parsemer de fromage et servir.

Pâtes à la sauce pesto ☺
Recette pour 4 personnes (315 calories par portion)

- 250 g de nouilles
- Bouquet de basilic frais
- 2 branches de marjolaine
- Huile d'olive
- 60 g de parmesan
- Sel, poivre

Faire cuire les pâtes. Pendant ce temps, passer au mixer le basilic et la marjolaine. Ajouter une cuiller d'huile, mélanger de nouveau et ainsi de suite jusqu'à obtenir un mélange lisse (pas plus de 3 cuillers d'huile). Ensuite, ajouter le parmesan et mélanger à nouveau.

Les légumes

Feuilles d'endives farcies ☉
Recette pour 4 personnes (80 calories par portion)
- 8 feuilles d'endives par personne
- 100 g de fromage blanc maigre
- 20 g de roquefort
- 10 ml de lait écrémé
- Paprika
- Sel, poivre

Dans un bol, mélanger le fromage blanc, le roquefort et le lait. Faire une pâte lisse. Saler et poivrer au goût. Remplir chaque feuille de ce mélange. Saupoudrez de paprika. Servir frais.

Courgettes à la provençale ☉
Recette pour 3 personnes (65 calories par portion)
- 500 g de courgettes
- 30 ml d'huile d'olive
- 1 petit oignon
- 2 gousses d'ail
- 1 tomate fraîche
- 1 pincée de thym
- Sel, poivre

Faire chauffer l'huile. Faire revenir l'ail pilé et l'oignon haché. Couper les courgettes en tranches. Les mettre dans la casserole. Les faire dorer une dizaine de minutes. Ajouter la tomate coupée en dés et le thym. Saler, poivrer. Couvrir. Faire mijoter environ 35 minutes.

Artichauts farcis ☺

Recette pour 4 personnes (206 calories par portion)

- 4 fonds d'artichauts cuits
- 3 tranches de jambon maigre
- 150 g de fromage blanc 0 %
- 50 g de gruyère
- 1 œuf
- Persil
- Sel, poivre

Hacher finement le jambon. Battre le fromage blanc jusqu'à ce qu'il soit onctueux. Ajouter le jambon, l'œuf, les deux tiers du gruyère râpé et le persil. Saler et poivrer. Mettre les fonds d'artichauts dans un plat allant au four. Les recouvrir du mélange. Verser 1/3 de verre d'eau au fond du plat. Saupoudrez avec le restant du fromage. Cuire au four environ 20 minutes.

Brocolis aux tomates ☺

Recette pour 4 personnes (98 calories par portion)

- 1 kg de brocolis
- 500 g de tomates fraîches
- 1 gousse d'ail
- 20 g de parmesan
- Persil
- Sel, poivre

Couper les brocolis en fleurettes. Les faire cuire, puis les égoutter. Disposer dans un plat allant au four. Couper les tomates en tranches. Les disposer par-dessus les brocolis. Saler et poivrer. Saupoudrer de parmesan râpé, puis enfourner le tout. Au moment de servir, décorer de persil haché.

Endives à la royale ☺

Recette pour 4 personnes (106 calories par portion)

- 1 kg d'endives
- 2 œufs
- 100 ml de lait écrémé
- Sel, poivre

Laver les endives. Les faire cuire 30 minutes à l'eau bouillante salée. Bien égoutter. Battre les œufs avec le lait. Saler et poivrer. Disposer les endives dans un plat allant au four. Recouvrir du mélange. Cuire au four jusqu'à ce que les œufs soient pris.

Carottes à la crème ☺
Recette pour 4 personnes (187 calories par portion)

- 800 g de carottes
- 500 ml de bouillon de volaille
- 100 ml de crème allégée
- 1 jaune d'œuf
- Persil
- Sel, poivre

Couper les carottes en rondelles. Les faire cuire dans le bouillon de volaille. Les disposer sur un plat allant au four. Faire réduire le bouillon. Y ajouter la crème, le jaune d'œuf et du persil haché. Saler et poivrer. Verser la sauce sur les carottes et réchauffer quelques minutes au four.

Légumes à volonté

Dans le cadre d'une diète protéinée, gardez présent à l'esprit que les légumes suivants peuvent être consommés à volonté (au naturel) : blettes, brocoli, céleri branche, champignons de Paris, chou vert, concombres, cornichons, courgettes, cresson, épinards, fenouil, germes de soja, mâche, poivrons, radis, salade verte.

En revanche, les légumes suivants doivent être consommés en quantité limitée (200 g par jour au maximum) : asperges, aubergines, cardons, chou-fleur, endives, haricots verts, oseille, tomates.

Épinards aux crevettes et au riz ☺
Recette pour 4 personnes (220 calories par portion)

- 1 kg d'épinards
- 80 g de riz
- 20 crevettes moyennes
- 4 gousses d'ail
- 45 ml d'huile d'olive
- Sel

Dans une poêle, faire cuire les épinards (environ 7 minutes) dans un peu d'huile, puis les hacher finement.

Décortiquer les crevettes et préparer un bouillon avec les carapaces et 3 verres d'eau. Faire revenir l'ail haché et le riz dans un peu d'huile. Ajouter à ce mélange les épinards puis le bouillon (2 fois plus de bouillon que de riz). Amener à ébullition, puis ajouter les crevettes et le sel. Ajouter du bouillon en fin de cuisson, si nécessaire.

Concombres à la crème ⊙

Recette pour 4 personnes (85 calories par portion)

- 1 kg de concombres
- 1 petit oignon
- Persil frais
- 50 ml de crème allégée
- Sel, poivre

Peler et couper les concombres en deux, puis les épépiner. Les couper en bâtonnets. Les faire cuire à la vapeur pendant environ 8 minutes. Bien égoutter. Pendant ce temps, faire revenir l'oignon haché et la crème. Saler et poivrer. Ajouter les concombres et laisser mijoter 5 minutes. Saupoudrer de persil et servir aussitôt.

Terrine aux trois légumes ⊙

Recette pour 8 personnes (95 calories par portion)

- 1 kg de carottes
- 800 g de chou-fleur
- 500 g de haricots verts
- 3 blancs d'œufs
- Coulis de tomates fraîches (voir page 170)
- Sel, poivre

Couper les carottes en morceaux et le chou-fleur en fleurettes. Faire cuire séparément les carottes, le chou-fleur et les haricots à la vapeur. Réduire séparément les légumes en purée en ajoutant à chaque purée un blanc d'œuf. Saler et poivrer. Dans un moule à gâteau, étendre une couche de purée de carottes, une couche de purée de chou-fleur et une couche de haricots verts. Faire cuire à four moyen, au bain-marie, pendant 45 minutes. Servir avec un coulis de tomates fraîches.

Gratin de poireaux ⊙

Recette pour 4 personnes (90 calories par portion)

- 8 poireaux
- 350 ml de lait écrémé
- 4 œufs
- 15 g de gruyère
- Persil frais
- Sel, poivre

Laver les poireaux. Les faire cuire à la vapeur, puis les égoutter. Battre les œufs et le lait. Ajouter le persil haché. Placer les poireaux dans un plat allant au four. Verser l'appareil liquide et mettre au four. Laisser cuire à feu doux pendant environ 4 à 5 minutes, gratiner ensuite à feu plus vif pendant quelques minutes. Servir aussitôt.

Légumes en sauce blanche ⊙

Recette pour 4 personnes (80 calories par portion)

- 500 g de chou-fleur
- 180 g de carottes
- 250 g de brocolis
- Pincée de thym
- Sel, poivre
- 250 ml de sauce blanche (voir page 169)
- 30 g de beurre
- 50 g de fromage râpé
- 250 g de champignons blancs frais
- 1 petit oignon
- Paprika

Couper le chou-fleur et le brocoli en fleurettes. Les faire cuire à la vapeur jusqu'à ce qu'ils soient très tendres. Mettre de côté. Couper les carottes en fines tranches. Les cuire à la vapeur pour les attendrir. Ajouter les assaisonnements au chou-fleur cuit. Réduire en purée. Y incorporer la sauce blanche. Passer au mixer jusqu'à l'obtention d'une sauce blanche onctueuse. Dans une grande casserole, faire fondre le beurre. Y faire revenir les champignons tranchés et l'oignon haché, en remuant. Ajouter les carottes, les brocolis et la sauce. Mettre dans un plat allant au four. Saupoudrer de fromage râpé et de paprika. Faire gratiner.

Surgelés et conserves

Les légumes nature surgelés ont une valeur nutritionnelle et une teneur en vitamines comparable à celle des légumes frais. Ils sont pratiques et économiques. Les légumes en conserve ont une valeur nutritionnelle comparable mais moins de vitamines. En revanche, attention aux légumes cuisinés (galettes, poêlées, légumes à la crème, gratins) : vérifiez bien sur l'emballage que leur teneur en lipides ne dépasse pas 5 g pour 100 g.

Champignons sautés ☉

Recette pour 4 personnes (50 calories par portion)

- 500 g de champignons de Paris
- 2 gousses d'ail
- 1 citron
- Cerfeuil
- Coriandre en poudre
- 5 ml d'huile d'olive
- Sel, poivre

Presser le citron. Nettoyer les champignons. Les émincer et les arroser d'un peu de jus de citron. Hacher l'ail. Le faire revenir dans l'huile d'olive. Ajouter les champignons. Remuer pendant 1 minute. Ajouter le reste du jus de citron, les herbes et les épices. Couvrir et laisser cuire environ 10 minutes. Peut se manger chaud ou froid.

Les atouts des légumes

Faiblement énergétiques, les légumes sont également gorgés de minéraux et de vitamines. Pensez aux carottes, poireaux, salsifis, céleris, fenouil, endives, champignons de Paris et navets. Attention toutefois à la quantité de graisse utilisée pour la cuisson et l'assaisonnement. N'oubliez pas les choux, notamment pour réaliser une potée au jambonneau (en prenant bien soin de la dégraisser) ou une choucroute de poisson.

Aspic de légumes ⊙

Recette pour 4 personnes (60 calories par portion)

- 4 carottes
- 200 g de haricots verts
- 200 g de petits pois
- 100 g de céleri
- Sel, poivre
- 6 feuilles de gélatine neutre

Couper les carottes en deux dans le sens de la longueur. Enlever les fils et les extrémités des haricots. Écosser les petits pois. Couper le céleri en dés. Cuire les légumes à la vapeur. D'abord les carottes, puis les haricots verts, les petits pois et le céleri. Recueillir 300 ml d'eau de cuisson, saler et poivrer. Y disposer la gélatine. Attendre qu'elle commence à prendre, puis disposer les légumes harmonieusement dans un moule. Verser la préparation de gélatine sur les légumes. Mettre au réfrigérateur pendant 3 heures jusqu'à ce que la gelée soit prise. Démouler et servir.

Les sauces

Sauce au roquefort ☺

Recette pour 4 personnes (100 calories par portion)

- 150 g de fromage blanc à 20 %
- 60 g de roquefort
- 2 jaunes d'œufs durs
- Huile d'olive
- 1 cuiller à soupe de moutarde de Dijon
- Sel, poivre

Écraser les jaunes d'œufs durs avec le roquefort et la moutarde. Battre le fromage blanc jusqu'à ce qu'il soit lisse. Mélanger le fromage blanc au précédent mélange. Si la sauce est trop épaisse, la liquéfier avec un peu d'huile. Saler et poivrer au goût.

Sauce au yaourt ☺

Recette pour 4 personnes (100 calories par portion)

- 1 yaourt nature
- 4 cuillers à soupe d'huile d'olive
- 1 citron
- 1 petite pointe d'ail
- Sel, poivre

Passer tous les ingrédients au mixer. Rectifier l'assaisonnement. Servir frais.

Sauce blanche de base ⊙

Recette pour 8 personnes (30 calories par portion)
- 180 ml de lait écrémé
- 15 g de fécule de maïs
- 30 ml d'eau froide
- Sel, poivre

Délayer la fécule de maïs dans l'eau froide. Ajouter la fécule délayée au lait chaud en brassant sans arrêt jusqu'à épaississement. Retirer du feu. Saler et poivrer au goût.

Plats en sauce : une affaire d'équilibre

Pour limiter la quantité de graisses, un plat doit être géré dans son ensemble : un morceau de viande gras doit être accompagné d'une sauce légère, alors qu'un morceau de viande maigre pourra être agrémenté d'une sauce un peu plus riche. Une viande en sauce peut tout à fait être plus légère qu'une viande grillée si le morceau de viande choisi est maigre. Ainsi, 100 g d'onglet grillé apportent 14 g de lipides contre 9 g pour un bœuf braisé fait avec de la macreuse, un morceau de bœuf moyennement gras convenant très bien pour des cuissons longues.

Sauce à l'estragon ⊙

Recette pour 5 personnes (55 calories par portion)
- 3 échalotes
- 50 ml de vinaigre
- 100 ml de vin blanc
- 2 jaunes d'œufs
- 30 ml de crème allégée
- Estragon frais
- 2 pincées de paprika
- Sel, poivre

Hacher finement les échalotes. Les faire revenir dans une casserole. Ajouter le vinaigre et le vin blanc. Laisser réduire de moitié. Retirer du feu et incorporer les jaunes d'œufs, la crème, l'estragon frais haché gros, le paprika, le sel et le poivre. Bien mélanger pour que la sauce soit homogène.

Sauce au vin rouge ☺

Recette pour 4 personnes (60 calories par portion)

- 500 ml de vin rouge sec
- 1 oignon
- 2 carottes
- 20 g de beurre
- Sel, poivre

Hacher l'oignon et les carottes. Faire cuire ces légumes avec le vin rouge et laisser réduire de moitié. Écumer pendant la cuisson. Passer les légumes au mixer pour obtenir une purée. La mélanger à la sauce et monter le tout au beurre. Saler et poivrer au goût. Servir avec une viande rouge.

Coulis de tomates fraîches ☺

Recette pour 4 personnes (60 calories par personne)

- 500 g de tomates fraîches
- 1 oignon
- 2 gousses d'ail
- 20 g de beurre
- Origan
- Thym
- Basilic
- Tabasco
- Sel, poivre

Mettre les tomates dans de l'eau bouillante pendant 2 minutes. Les passer sous l'eau froide et les peler. Les couper en deux et les épépiner, puis les couper en dés. Faire revenir l'oignon haché dans une casserole anti-adhésive avec un peu d'eau. Mettre les légumes sur le feu avec les assaisonnements (cuisson environ 10 minutes à feu moyen) et monter au beurre. Passer le coulis au chinois avant usage.

Sauce au concombre ⊙

Recette pour 8 à 10 personnes (45 calories par portion)

- 1 gros concombre
- 60 ml de lait écrémé
- 125 g de fromage ricotta
- Aneth frais
- 2 cuillers de moutarde de Dijon
- Sel, poivre

Éplucher, couper et épépiner le concombre. Passer tous les ingrédients sauf la ricotta et l'aneth au mixer, d'abord doucement quelques secondes, puis à grande vitesse environ 3 secondes. Ajouter le fromage, mélanger jusqu'à ce que la sauce soit homogène. Ajouter l'aneth. Mettre au froid pour épaissir la sauce.

Sauce au fromage blanc et à la moutarde ⊙

Recette pour 8 personnes (30 calories par portion)

- 200 g de fromage blanc 20 %
- 3 cuillers à soupe de moutarde de Meaux
- 1 pincée de paprika
- Sel, poivre
- Persil

Défaire le fromage en crème. Ajouter les autres ingrédients jusqu'à l'obtention d'une sauce homogène. Saler et poivrer au goût. Servir avec les salades et les poissons.

Sauce rose ⊙

Recette pour 8 personnes (20 calories par personne)

- 200 g de fromage blanc à 20 %
- Paprika
- 5 ml de vinaigre de vin
- Sel, poivre

Défaire le fromage en crème. Ajouter les autres ingrédients. Servir avec les crustacés et les poissons.

La préparation des sauces

Pensez toujours à choisir des matières grasses allégées (crème fraîche à 15 %, margarine ou beurre allégé). Utilisez sans retenue les fonds de veau ou de volaille ou les bouillons de viande, à saupoudrer en n'ajoutant pas plus de 5 g de matière grasse par personne. Le lait concentré non sucré peut avantageusement remplacer la crème fraîche ; il est trois fois moins riche en lipides, et idéal pour confectionner des sauces légères.

Mayonnaise légère ⊙

Recette pour 8 personnes (45 calories par portion)

- 2 œufs
- 15 ml d'huile d'olive
- 1 yaourt nature
- 1 cuiller à soupe de moutarde de Dijon
- Sel, poivre

Cuire un œuf dur. Garder le jaune et l'écraser avec un jaune d'œuf cru. Mélanger avec la moutarde et incorporer l'huile goutte à goutte en brassant sans arrêt. Incorporer le yaourt en brassant toujours. Saler et poivrer au goût. Servir avec les viandes et les poissons froids.

Béarnaise minceur ☉

Recette pour 8 personnes (25 calories par portion)

- 2 jaunes d'œufs
- Ciboulette, estragon frais, persil frais
- 125 ml de vinaigre de vin
- 1 pincée de poivre de Cayenne
- 180 ml de lait écrémé
- Sel, poivre

Hacher la ciboulette, la faire revenir dans une casserole antiadhésive avec le vinaigre, l'estragon et le persil et le poivre et faire réduire jusqu'à ce que le liquide soit presque évaporé. Incorporer les jaunes d'œufs battus et le poivre de Cayenne. Puis, en brassant, verser le lait bouillant. Faire cuire à feu très doux, sans cesser de tourner jusqu'à épaississement de la sauce. Servir chaud avec des grillades.

Des sauces liées minceur

Réalisez des béchamels allégées en délayant de la maïzena directement dans un peu de lait écrémé tiède. Parfumez à l'aide de muscade, de sel et de poivre. Pensez aussi à la moutarde, qui accompagne parfaitement toutes les viandes rouges, et aux cubes d'aromates (persil, ail, oignon, aneth, basilic...) qui peuvent agrémenter un plat de viande, de poisson ou de légumes. Réalisez de savoureux coulis à partir de tomates, poivrons, aubergines...

Les desserts

Sorbet de grenades ⊙
Recette pour 4 personnes (116 calories par portion)
- 600 g de grenades
- 1 citron (édulcorant)
- 100 g de faux sucre en poudre
- 2 blancs d'œufs

Presser les grenades et le citron. Verser le jus dans une casserole avec l'édulcorant (moins 2 cuillers à prélever préalablement). Porter à ébullition, laisser cuire 2 minutes. Laisser refroidir. Monter les blancs d'œufs en neige en ajoutant peu à peu le reste de l'édulcorant. Ajouter délicatement les blancs d'œufs à la première préparation. Verser dans une sorbetière et congeler.

Compote de fraises et rhubarbe ⊙
Recette pour 4 personnes (66 calories par portion)
- 800 g de rhubarbe
- 200 g de fraises
- 4 cuillers à soupe de faux sucre en poudre (édulcorant)

Laver les tiges de rhubarbe entières. Les faire cuire avec deux cuillers à soupe d'eau à feu très doux en remuant fréquemment. Laver et équeuter les fraises. Quand la rhubarbe est bien cuite, débitez-la en morceaux, mixez puis ajouter les fraises entières. Ne repassez que quelques secondes sur le feu afin que les fraises restent fermes. Sucrer avec l'édulcorant. Laisser refroidir, puis placer au réfrigérateur. Servir très frais.

Mousse aux fraises ☺

Recette pour 6 personnes (200 calories par portion)
- 500 g de fraises fraîches
- 150 g de sucre allégé
- 4 blancs d'œufs
- Jus de 1 citron

Mettre de côté 3 belles fraises. Faire macérer les autres dans 50 g de sucre et le jus de citron, puis les passer au mixer. Battre les blancs d'œufs en neige ferme en ajoutant graduellement le reste de sucre. Incorporer en brassant délicatement les fraises en purée. Placer au réfrigérateur 15 minutes. Garnir avec des tranches de fraises fraîches. Servir aussitôt.

Crêpes aux fruits ☺

Recette pour 4 personnes (180 calories par portion)

Pâte :
- 60 g de farine
- 2 œufs
- 100 ml de lait écrémé
- Beurre
- Sel

Farce :
- 200 g de fraises
- 1 banane
- 50 g d'édulcorant
- Jus de citron

Mélanger graduellement le lait à la farine en remuant constamment. Ajouter les œufs battus et bien mélanger. Ajouter une pincée de sel. Faire cuire des crêpes très minces dans une poêle antiadhésive. Couper les fraises et la banane en petits morceaux. Les faire macérer avec le citron et le sucre. En farcir les crêpes. Servir.

Coulis de framboises ⊙

Recette pour 4 personnes (20 calories par portion)
- 250 g de framboises fraîches
- Édulcorant
- Jus d'1/2 citron

Passer les framboises et le jus de citron au mixer. Ajouter peu à peu l'édulcorant au goût. Passer le liquide à la passoire. Servir bien frais.

Friandises aux fruits ☉

Recette pour 3 douzaines de friandises (25 calories par friandise)
- 125 g de pruneaux secs dénoyautés
- 125 g de raisins secs
- 125 g de dattes dénoyautées
- 60 g de noix de coco râpée

Dans un bol, mélanger les pruneaux, les raisins, les dattes et la noix de coco. Cuire à la vapeur environ 10 minutes. Écraser le tout à l'aide d'un pilon. Faire de petites boules de 2 cm de diamètre. Placer au réfrigérateur 2 heures environ et servir.

Des fruits sur tous les modes

On trouve des fruits toute l'année, même en hiver, notamment des agrumes (oranges, pamplemousses, clémentines) qui sont très riches en vitamine C (une grosse orange permet d'en couvrir le besoin journalier), des pommes et des poires. Pensez aussi aux fruits exotiques (kiwis, ananas, litchis, mangues, papayes). Si vous aimez les compotes, consommez-les nature ou avec une cuiller à café de sucre glace ou encore sucrées avec un édulcorant. Pour les fruits en conserve, choisissez-les conservés dans leur jus et évitez les fruits au sirop.

Crème pâtissière ☺

Recette pour 6 personnes (95 calories par portion)
- 40 g de fécule de maïs
- 60 g de sucre vanillé
- 2 cuillers à soupe de Cointreau
- 500 ml de lait écrémé

Dissoudre la fécule dans un peu d'eau froide. Porter à ébullition le lait et le sucre en remuant constamment. Verser la fécule dissoute dans le lait et faire bouillir, toujours en remuant. Aromatiser avec la liqueur. Servir la crème telle quelle après l'avoir mise au réfrigérateur pendant 1 heure, ou utiliser en garniture de fond de tarte.

Couronne aux amandes ☻

Recette pour 6 personnes (195 calories par portion)
- 100 g de farine tamisée
- 125 g de poudre d'amande
- 100 g de sucre semoule
- 10 blancs d'œufs
- 1 pincée de sel
- Quelques gouttes d'essence de mandarine

Préchauffer le four à 120 °C. Tamiser en deux fois la farine avec d'une part la moitié du sucre et d'autre part la poudre d'amandes. Mettre de côté. Battre les blancs d'œufs avec une pincée de sel jusqu'à ce que le mélange soit ferme. Verser en plusieurs fois le sucre restant dans les blancs d'œufs en incorporant progressivement la farine. Verser le tout dans un moule en forme de couronne non graissé. Faire cuire au four environ 30 minutes jusqu'à ce que le gâteau soit doré. Démouler et laisser refroidir.

Desserts : quelques règles de base

Même en cas de régime, le dessert doit rester un moment convivial. Ne supprimez pas ces plaisirs qui font partie de la vie, mais veillez à en limiter les quantités. Une part de galette apporte par exemple autant de graisses que trois cuillers à soupe d'huile ! Au quotidien, privilégiez les fruits et les pro-

duits laitiers. Si vous prévoyez de vous laisser tenter par un dessert riche, pensez à alléger en graisses le reste du repas.

Petits fours au moka ☺

Recette pour 24 petits fours (37 calories par petit four)

- 2 œufs, si possible de cane (uniquement les jaunes)
- 50 g de sucre cristallisé
- 25 g de cassonade
- 100 g de farine tamisée
- 30 g de cacao en poudre
- 10 g de café instantané
- 5 g de levure
- 1 pincée de sel
- 50 g de margarine allégée

Préchauffer le four à 100 ° C. Battre au mixer électrique à grande vitesse la margarine, la cassonade et le sucre jusqu'à obtention d'un mélange crémeux. Incorporer la farine tamisée, les jaunes d'œufs, le cacao et le café instantané, la levure et le sel. Bien mélanger. Déposer de petits tas de pâte dans un moule antiadhésif. Cuire environ 15 minutes.

Minarets au chocolat ☺

Recette pour 4 personnes (186 calories par portion)
Pâte :

- 50 g d'eau
- 30 g de margarine allégée
- 60 g de farine tamisée
- Une pincée de levure
- 2 œufs

Farce :

- 30 g de lait écrémé
- 30 g de poudre de cacao
- 50 g de fromage blanc maigre
- 30 g de sucre

Préchauffer le four à 125 ° C. Dans une casserole, porter à ébullition l'eau et la margarine. Bien mélanger. Verser la farine et la levure. Travailler le mélange jusqu'à ce qu'il se détache des bords de la casserole. Laisser encore

30 secondes sur le feu. Retirer du feu, ajouter les œufs un par un et mélanger jusqu'à ce qu'ils soient bien incorporés. Déposer sur une plaque à biscuits graissée 4 petits monticules formés de 2 cuillers de ce mélange en ménageant un creux à l'intérieur. Mettre au four et cuire 20 minutes. Laisser refroidir. Pendant ce temps, préparer la crème. Dans une casserole, faire chauffer le lait et la poudre de cacao. Remuer constamment. Retirer du feu et ajouter tout en remuant le fromage et le sucre. Laisser refroidir, puis mettre au réfrigérateur. Découper le sommet des monticules, remplir la base de crème et remettre le dessus des monticules sur la crème.

Sorbet aux framboises ⊙
Recette pour 4 personnes (96 calories par portion)
- 500 g de framboises
- 100 g d'édulcorant
- 1 citron
- 5 cl d'eau-de-vie de framboises

Prélever 12 belles framboises. Mixer le reste des framboises puis les passer au chinois. Presser le citron. Sans faire cuire, mélanger le jus de framboise, le jus de citron, l'édulcorant et l'eau-de-vie. Verser dans la sorbetière, faire congeler. Au moment de servir, décorer chaque portion de 3 framboises entières.

Coupe meringuée ☉

Recette pour 4 personnes (45 calories par portion)

- 2 blancs d'œufs
- 1 pincée de sel
- 30 g de sucre glace
- 200 g de pulpe de pomme acidulée
- Zeste de citron

Ajouter le sel aux blancs d'œufs. Monter en neige. À l'aide d'une spatule, ajouter délicatement le sucre glace, la pulpe de pomme et le zeste de citron. Répartir dans 4 coupes. Placer au réfrigérateur pendant 5 heures.

Délices aux fruits ☻

Recette pour 4 personnes (138 calories par portion)

- 2 blancs d'œufs
- 10 g de sel
- 30 g de sucre glace
- 100 g de fraises entières
- 500 g de pêches en boîte

Mélanger les blancs d'œufs, la moitié du sucre glace et le sel au batteur électrique pour obtenir une consistance souple. Former de petites meringues. Dans une casserole remplie d'eau, verser le reste du sucre. Porter à ébullition, puis baisser le feu. Y plonger les meringues quatre par quatre. Les laisser 4 minutes dans l'eau, puis les égoutter. Passer au mixer les fraises et les pêches dans leur jus pendant 5 secondes. Répartir la purée de fruits dans 4 coupes et décorer chacune de 4 petites meringues. Placer au réfrigérateur.

Gare aux fruits secs

Les fruits secs (dattes, figues, abricots, pruneaux...) et oléagineux (noix, noisettes, amandes) sont sources de minéraux, mais leur consommation doit être limitée. Ils sont en effet très riches en sucre, et les fruits oléagineux en graisses.

Terrine de fruits en gelée ☺

Recette pour 4 personnes (110 calories par portion)

- 1 tranche de pastèque de 200 g environ
- 1 papaye
- 1 citron
- 200 g de mûres
- 4 feuilles de gélatine
- 200 g de framboises
- 50 g de sucre édulcoré

Mettre à tremper la gélatine dans un grand bol d'eau froide. Peler la pastèque, enlever les graines et le tissu fibreux qui les entoure, couper la chair en petits cubes. Peler la papaye, la couper en deux, retirer le noyau, couper la chair en petits cubes. Presser le citron. Réserver 10 belles mûres, passer les autres au mixer puis au travers d'un chinois pour les débarrasser de leurs graines. Procéder de la même manière pour les framboises. Mettre dans un bol les jus de citron, de mûre et de framboise, ajouter le faux sucre. Porter ce mélange à ébullition. Presser la gélatine, l'ajouter au jus, remuer sans interruption à la cuiller en bois jusqu'à sa dissolution et attendre le début d'une nouvelle ébullition. Retirer du feu. Rincer à l'eau froide un compotier. Y verser la moitié du mélange jus/gélatine. Laisser refroidir à demi. Disposer les fruits : cubes de pastèque et de papaye, puis les mûres et les framboises entières sur cette gelée qui commence à prendre. Verser dessus, très lentement, le reste du mélange jus/gélatine. Après complet refroidissement, placer au réfrigérateur entre 4 et 10 heures.

Du bon usage de l'édulcorant et des sucres divers

Je vous conseille d'utiliser systématiquement dans vos préparations de desserts un édulcorant à base d'aspartame. Pour avoir le meilleur résultat, sucrez largement à l'aspartame après la cuisson car son pouvoir sucrant est considérablement entamé par la chaleur. Vous pouvez aussi utiliser du fructose, qui a l'avantage d'être un produit naturel, mais dont le pouvoir sucrant n'est pas meilleur que celui de l'aspartame tout en apportant davantage de calories.

Il est souvent intéressant, en dehors des périodes d'amaigrissement strict, d'utiliser pour la décoration du sucre glace, certes calorique, mais dont la légèreté et le pouvoir couvrant font qu'on en use de très petites quantités.

Salade de fruits rouges ☉

Recette pour 4 personnes (70 calories par portion)
- 200 g de fraises fraîches
- 200 g de framboises
- 200 g de mûres
- 200 g de groseilles
- 125 ml de jus d'orange

Couper les fraises en tranches pas trop fines. Mettre tous les fruits dans un bol, ajouter le jus d'orange. Mettre au réfrigérateur 2 heures.

Mousse au citron ☉

Recette pour 6 personnes (230 calories par portion)
- 6 œufs
- 250 g de sucre
- Le jus de 3 citrons
- 200 ml d'eau
- Zeste de citron

Mettre les œufs, le sucre, le jus de citron et l'eau dans une casserole. Battre. Lorsque le mélange mousse, placer la casserole au bain-marie et continuer à battre jusqu'à ébullition. Mettre la mousse dans un plat de service et battre encore 5 minutes. Laisser refroidir.

Surveiller sa consommation de chocolat

Si vous êtes « accro » au chocolat, ne le supprimez pas de votre alimentation. Apprenez plutôt à surveiller sa consommation. Ne dépassez pas 20 g par jour, c'est-à-dire une barre moyenne. Associez-le le plus souvent à du pain frais ou à des petits pains grillés pour réaliser des collations équilibrées ; si le chocolat est consommé seul, la quantité absorbée risque d'être plus importante. Évitez les chocolats garnis de fruits oléagineux (amandes, noix, noisettes) ainsi que les truffes et les chocolats fourrés. Enfin, sachez que plus un chocolat est riche en cacao (noir), plus il est riche en graisses. Les chocolats dits « de régime » sont donc souvent plus gras que le chocolat classique. N'oubliez pas qu'il existe des chocolats « light » sucrés aux édulcorants.

Produits laitiers : la bonne mesure

Pour un apport suffisant en calcium, il est recommandé de prendre un produit laitier à chaque repas. Privilégiez les laitages maigres. Limitez votre consommation de fromage au fromage blanc à 20 % maximum en période d'amaigrissement et à une seule petite portion par jour par la suite. Pensez à réaliser des desserts alliant fruits et laitages, comme une coupe de fromage blanc à 0 ou 20 % de matière grasse garnie de poire ou de kiwi.

Les sucreries

Malgré la guerre, quand j'étais petit, notre cuisinière confectionnait à la maison de bons gros gâteaux allemands, bien crémeux et sucrés. En effet, en Allemagne du Nord, le lait, le beurre et la crème sont des richesses inépuisables. Mais déjà à cette époque, je n'aimais pas trop ces gâteaux que je trouvais certes sympathiques mais un peu écœurants. Mes préférences allaient aux pâtisseries sèches de type crêpes, gaufres, sablés, etc.

Actuellement, je n'ai plus envie de ce genre de choses. En guise de dessert, je mange régulièrement, sur ordonnance du docteur, des fruits frais ou en compote, malgré le fait que je ne les aime guère.

K.L.

Mince, beau et en forme

Devenir mince et le rester : voici un programme des plus alléchants... Mais retrouver sa ligne ne suffit pas toujours pour que mes patients soient complètement satisfaits. Nombreux sont ceux qui souhaitent par la même occasion retrouver un teint plus frais, ainsi qu'une existence plus active, et ce sur tous les plans : sport, travail, sexualité... En somme, mettre de leur côté toutes les chances pour entamer une nouvelle vie. Malheureusement, l'âge biologique et les effets extérieurs du vieillissement sont bien là et rappellent à la personne que, toute svelte qu'elle soit redevenue, elle n'a plus vingt ans. Un constat d'autant plus difficile à admettre que nous vivons dans une société qui persiste à nier le grossissement comme la vieillesse.

Par ailleurs (et quel que soit l'état d'esprit du patient et ses desiderata en matière de jeunesse de l'apparence), l'amaigrissement peut s'accompagner d'un certain affaissement des traits du visage et de la peau en général, tout particulièrement au niveau du ventre, des bras, des fesses et des cuisses.

Que ce soit pour corriger les éventuelles conséquences du régime amaigrissant ou pour prendre un coup de jeune, des solutions existent. Elles sont même nombreuses et font, pour certaines, appel à la science et à ses dernières innovations médicamenteuses et chirurgicales.

Nous allons passer en revue une bonne partie de ces soins et techniques, avec leurs avantages et leurs inconvénients.

Ce sont tout d'abord les soins esthétiques. Ceux-ci comprennent les soins cosmétiques – visant à entretenir, améliorer et nourrir la peau et prévenir les rides –, et les soins médicaux esthétiques. Ces derniers ont pour but selon le cas de restituer un teint plus frais et de gommer les imperfections de la peau (par injection de vitamines et d'oligoéléments, ou peelings à base de différents produits allant du phénol aux acides de fruits selon les résultats désirés), d'atténuer rides et ridules (par injection de produits de comblement ou de toxine botulique ou par électroridopuncuture).

C'est ensuite la chirurgie esthétique, qui peut intervenir au niveau du visage (lifting total ou partiel, lipoaspiration du double menton, réfection de l'ovale du visage, implantation de cheveux) et du corps (réduction des surcharges graisseuses résiduelles par lipoaspiration ou liposculpture ; réduction des affaissements cutanés du ventre, de l'intérieur des cuisses, des bras...). Grâce à la chirurgie esthétique, il est aussi possible de réduire des seins demeurés trop gros après une cure d'amaigrissement, ou de corriger des seins tombants (avec éventuellement pose d'un implant pour redonner forme et volume).

Ce sont enfin et surtout des soins généraux, qui comprennent l'apport en vitamines, oligoéléments, antioxydants, le traitement par des molécules telles que la D.H.E.A. ou le sildénafil, le traitement hormonal de substitution...

Ce chapitre serait incomplet s'il passait sous silence les aménagements que chacun se doit d'apporter à son quotidien pour retrouver véritablement – et conserver – la pleine forme après un régime. C'est pourquoi il me paraît indispensable d'aborder ici des questions d'hygiène de vie, de gestion du stress, de désintoxication tabagique, et même de suggérer une série d'exercices physiques, simples mais fort efficaces pour qui entend se réconcilier avec son corps moyennant un petit quart d'heure d'efforts quotidiens.

Car, pour recouvrer une image de soi qui permette d'être bien dans sa peau et qui fasse coïncider l'homme ou la femme que l'on se sent redevenu avec son apparence extérieure, la science est certes d'un grand secours, mais elle ne suffit pas : la recherche de l'équilibre, la volonté d'entretenir son corps comme son esprit, telles sont les clés nécessaires à la forme et au bien-être.

Les soins cosmétiques

Depuis des années, je suis confronté aux conséquences sur la peau du vieillissement et de l'amaigrissement. Certes, nombreux sont les recours proposés. Mais aucune des solutions disponibles ne me convenant pleinement, j'ai décidé de mettre au point une gamme de produits à base d'huiles essentielles, d'extraits végétaux et de produits marins. Ces produits sont fabriqués directement en bord de mer, en petite quantité, ce qui assure la préservation de leur fraîcheur et un maximum d'efficacité[1].

Les principes actifs

Voici les principaux principes actifs employés dans cette ligne de soins :

Arbusome – L'arbusome est une substance extraite de la busserole (*Arbutus uva-ursi*). Cette substance contient naturellement un précurseur de l'hydroquinone, connue depuis fort longtemps pour son action dépigmentante et antitaches. Il nous semble que l'usage de cette substance végétale dans nos produits cosmétiques est un garant de la qualité et de l'uniformité du résultat esthétique.

---
1. Tous ces produits sont fabriquées et distribuées par les laboratoires Sunrex/Institut Spoonlight, 12 rue de Presbourg, 75016 Paris. Internet : ttp:/www.sunrexparis.com

Azulène – C'est un baume naturel extrait d'une plante tropicale, le gurjun, très riche en oléorésines. On l'utilise en cosmétologie pour ses vertus adoucissantes pour la peau.

Beurre de karité – On l'extrait d'un arbre africain, le butyspermum. Le beurre de karité est célèbre et très utilisé pour ses pouvoirs cicatrisants et surtout pour sa grande faculté à pénétrer dans l'épiderme. Il apporte à la peau de nombreux acides gras dont l'efficacité explique le succès.

Collagène marin – Chacun connaît les bienfaits du collagène sur la peau, dont il est un des principaux constituants. Lorsque la teneur en collagène de la peau diminue, sa résistance, son épaisseur, sa tonicité, son élasticité diminuent d'autant, et les rides apparaissent.
L'eau de mer est isotonique au plasma du sang, c'est-à-dire que sa composition est très proche de celle du plasma. Le collagène extrait des produits marins est lui aussi très proche du collagène humain. C'est pourquoi son usage est particulièrement bénéfique dans la prévention des rides.

Consoude – La grande consoude *(Symphytum officinale)* est réputée depuis l'Antiquité pour son action cicatrisante qui s'exerce tant sur les os (fractures) que sur la peau (plaies et coupures). Cette plante contient en abondance de l'allantoïne au pouvoir cicatrisant bien connu, et des phénols anti-inflammatoires. L'huile de grande consoude est utilisée avec succès contre l'acné et la déshydratation de la peau ; son usage en cosmétologie est donc particulièrement indiqué.

Cresson et roquette – Le cresson de fontaine *(Nasturtium officinale)* et la roquette *(Eruca satina)* ont une teneur très élevée en vitamines A, B1, B2 et en sels minéraux (iode, fer, phosphate), mais c'est à leur exceptionnelle teneur en vitamines C et E qu'ils doivent leur remarquable activité comme antioxydants. On les utilise en cosmétologie comme éléments essentiels des soins anti-âge.

Cynorrhodon – La teneur très importante en vitamine C du cynorrhodon (fruit de l'églantier) et la présence d'anthocyanosides anti-radicalaires en font un des éléments essentiels de la composition des produits cosmétiques anti-âge.

Encens – L'encens possède une action régulatrice de la sécrétion de sébum par les glandes sébacées. Il est largement utilisé en cosmétologie dans la composition de tous les produits pour peaux grasses.

Fucus vesiculosus* et *Laminaria digitata – Comme toutes les algues, celles-ci se nourrissent des richesses de l'océan qui les baigne. Elles contiennent donc un cocktail concentré de nombreux oligoéléments : cuivre, chrome, zinc, sélénium, fer, manganèse et iode facilement assimilables par la peau. Elles contiennent aussi, à l'état naturel, de nombreuses vitamines dont l'acide folique, la vitamine C et des vitamines du groupe B (B1, B2, B6, B12).

Guarana – Cette plante de la forêt amazonienne *(Faullinia cupana)* contient en abondance des tanins, des saponines et surtout de la caféine et ses cousins : la théophylline et la théobromine. La caféine et ses dérivés agissent au niveau des cellules en augmentant les combustions des réserves de graisses et en stimulant la microcirculation et les échanges entre le sang et les cellules. Cette plante est très utile en cosmétologie dans les soins anti-cellulite.

Huile de foie de requin – On l'utilise en cosmétologie pour son exceptionnelle richesse en acides gras du groupe oméga 3 et en vitamines A et E. C'est un excellent composant des produits anti-âge.

Huile de germe de blé – L'huile extraite du germe de blé *(Triticum sativum)* renferme des lipides et des vitamines liposolubles. Les lipides sont surtout constitués par des acides gras essentiels qui s'opposent dans l'organisme à l'excès de cholestérol et à l'athérosclérose. C'est pour sa grande richesse en vitamine E et pour sa grande capacité d'absorption par la peau qu'on utilise cette huile en cosmétologie. La vitamine E est un puissant anti-radicalaire, c'est donc un précieux composant des préparations anti-âge.

Huile de rosier muscat *(Rosa moscata)* et huile de kukui *(Aletris mollucana)* – Le kukui est une plante exotique originaire des îles Molluques. Ces huiles contiennent de nombreux acides gras essentiels. Elles ont la particularité de pénétrer facilement la peau et sont largement utilisées en cosmétologie dans les produits pour peaux sèches.

Huiles essentielles de lavande, menthe, romarin, thym et origan – Les huiles essentielles des plantes aromatiques sont utilisées à très faible dose dans la composition des produits cosmétiques. Elles possèdent de fortes propriétés antiseptiques, antibactériennes, antifongiques, calmantes et revitalisantes pour la peau.

Huiles essentielles d'orange, de mélisse et d'eucalyptus – On utilise ces huiles essentielles en cosmétologie à très petites doses, pour leurs vertus décongestionnantes et relaxantes.

Ispaghul – La graine d'Ispaghul *(Plantago ovata)* est très riche en mucilage lequel, en présence d'eau, forme un gel naturel. C'est cette vertu que l'on utilise en cosmétologie pour fabriquer des gels naturels auxquels on ajoute différents extraits de plantes actives.

Lierre – Le lierre *(Hedera helix)* est célèbre depuis fort longtemps pour ses capacités désinfiltrantes des tissus cutanés. On l'emploie avec succès dans la lutte contre la cellulite, les capitons gras et les infiltrations graisseuses du tissu sous-cutané. Il est de plus astringent et tonifiant pour la peau.

Lithothamnium calcareum – C'est une petite algue qui concentre les éléments minéraux de l'eau de mer. Elle est très riche en calcium, en magnésium, en fer et en oligoéléments. Utilisée en cosmétique, elle a la particularité d'être anti-acide et donc de protéger la peau. De plus, cette action anti-acide prévient le développement des levures et champignons du genre *Candida*, souvent à l'origine de mycoses.

Marron d'Inde – Le marronnier d'Inde *(Aesculus hippocastanum)* est universellement connu pour son activité anti-hémorroïdaire, due à la propriété qu'il a de tonifier les parois veineuses. Nous utilisons cette plante en cosmétologie pour son action bénéfique sur les petits vaisseaux de la peau, qu'elle tonifie.

Millepertuis – Le millepertuis *(Hypericum perforatum)* est bien connu pour son action antidépressive que l'on exploite dans le traitement des troubles de l'humeur. En cosmétologie, c'est pour son action antiseptique et tonifiante pour la peau qu'on l'utilise, sous forme d'huile rouge de millepertuis.

Noyaux d'olive micronisés – On utilise cette micropoudre de noyaux d'olive comme agent abrasif de la peau. Elle entre dans la fabrication des crèmes et des lotions à l'action « peeling ».

Propolis – C'est une substance résineuse qui est récoltée par les abeilles sur les écorces des arbres. Dans la ruche, la propolis sert de ciment pour construire l'ossature des alvéoles. La propolis exerce une action de défense contre les microbes, les bactéries et les champignons, aussi bien dans la ruche que dans les produits de cosmétologie.

Tépescohuite – Cet extrait du *Mimosa tenuiflora* possède un très fort pouvoir cicatrisant et réparateur de la peau. On l'utilise en cosmétologie particulièrement dans les crèmes réparatrices et protectrices.

Vigne rouge – Les feuilles de vigne rouge *(Vitis vinifera)* contiennent des substances précieuses pour la peau :

- des anthocyanosides, riches en vitamine B3, qui agissent sur la qualité des petits vaisseaux de la peau, dont ils augmentent la perméabilité,
- des tanins, qui stimulent la tonicité des petits vaisseaux de la peau,
- des proanthocyanidols, qui sont des anti-radicaux libres et qui protègent le collagène des petits vaisseaux. En cosmétologie, la vigne rouge est de première importance pour traiter et prévenir les problèmes liés aux affections des microvaisseaux de la peau.

Les lignes de produits des *Basiques du Manoir*

Nous avons mis au point une ligne de produits hydratants et traitants pour tous les types de peau, ainsi que des produits spécifiques pour peaux colorées (peaux noires, jaunes...). L'usage de cette ligne de cosmétiques naturels améliore et corrige les marques du vieillissement et de l'affaissement. Les gammes sont très complètes et comprennent :

Des produits de soins hydratants pour le visage

Gommage douceur – Il permet de nettoyer la peau en profondeur, d'en éliminer les cellules mortes et de clarifier le teint. Il s'agit d'un soin exfoliant non abrasif agissant par adhérence, il est spécifiquement adapté aux peaux très sensibles (composition : lithothame, amidon).

Sérum tenseur – C'est un concentré de principes actifs qui donne à la peau un véritable coup de jeunesse (composition : collagène marin, tépescohuite, extrait végétal hydratant, protéines).

Crème réparatrice – Certaines peaux très fragiles et sensibilisées exigent parfois un soin très riche. Cette crème contient un extrait de *Mimosa tenuiflora* et de propolis dont les propriétés réparatrices sont patentes (composition : excipient, huile de germes de céréales, beurre de karité, huile de rosier muscat, huile de kukui, propolis, mimosa ténuiflora, oxyde de zinc, allantoïne).

Masque douceur – La peau a besoin d'un soin hebdomadaire profond. Ce masque lui apporte le complément nutritionnel indispensable (composition : huile de germe de blé, beurre de karité, huile de rosier muscat, huile de kukui, huile de foie de requin, collagène marin, extrait végétal hydratant, allantoïne, oxyde de zinc).

Lait démaquillant – Sa principale vocation est d'éliminer de la peau toutes les impuretés, maquillage, excès de sébum, poussières, cellules mortes. Son emploi doit être biquotidien (matin et soir). Ce lait est d'une grande douceur et il préserve l'épiderme tout en lui assurant une hygiène irréprochable (composition : excipient, huile de germe de blé, condensat de protéines d'origine végétale, extraits d'algues, extrait de lierre).

Lotion douceur – Cette lotion tonique est le complément indispensable du lait démaquillant, dont elle permet l'élimination totale (composition : extraits d'algues, de lierre, de mimosa, condensat de protéines d'origine végétale).

Crème de nuit – Plus riche et donc plus nourrissante que les crèmes de jour, elle en est complémentaire et en potentialise les effets (composition : huile de germe de blé, beurre de karité, huile de rosier muscat, huile de kukui, huile de foie de requin, collagène marin, extrait végétal hydratant, allantoïne).

Crème plein air – Certaines peaux exigent une protection et une nutrition quotidienne particulièrement riche ; dans ce cas, la crème spéciale plein air est bénéfique. Cette crème très riche en huiles nobles contient un filtre solaire et assure une protection optimale. Elle s'adresse ponctuellement à celles qui ont des activités au grand air, et régulièrement à celles dont la peau est particulièrement fragile (composition : huile de germe de blé, beurre de karité, huile de rosier muscat, huile de kukui, mimosa ténuiflora, extrait marin hydratant, allantoïne, filtre solaire, carotène).

Sérum clarifiant pour les peaux tachées – C'est un concentré de principes actifs nourrissants qui potentialise l'action des crèmes et du masque (composition : excipient, extraits d'algues, arbusome).

Crème contour des yeux – La peau du contour des yeux est très fine et fragile, elle exige un entretien spécifique et régulier. L'utilisation de la crème contour des yeux permet de préserver l'épiderme d'un vieillissement prématuré (composition : huile de germe de blé, beurre de karité, huile de rosier muscat, huile de kukui, mimosa ténuiflora, extrait marin hydratant, extrait végétal hydratant, extrait de lierre, acide hyaluronique).

Des produits de soin spécifiques pour le visage

Ligne peaux grasses – Elle comprend : un peeling ayant aussi des propriétés absorbantes (composition : d'huile de germe de blé, extrait de propolis, de romarin, extraits d'algues, de lavande, extrait d'encens, agent exfoliant naturel) ; un sérum, concentré de principes actifs qui potentialise l'action des crèmes et du masque (composition : extrait de propolis, de thym, de romarin, de lavande, camphre, menthol, extrait d'encens, extraits d'algues).

Ligne rougeurs – Les peaux dont les capillaires sont fragiles exigent une protection en particulier contre le rayonnement solaire et une nutrition quotidienne particulière. Cette ligne comprend : une crème (composition : huile de germe de blé, huile de rosier muscat, huile de kukui, extraits d'algues, allantoïne, filtre solaire) ; un masque nutritif d'usage hebdomadaire.

Des produits de soin du corps et des mains

Lait corporel douceur – Ce lait corporel contient des huiles nobles et du beurre de karité. Il est enrichi d'extraits de propolis et de mimosa ténuiflora dont les propriétés réparatrices et protectrices sont reconnues (composition : huile de germe de blé, huile de rosier muscat, huile de kukui, beurre de karité, propolis, mimosa ténuiflora, extraits d'algues, allantoïne, parfum).

Crème raffermissante – Cette crème contient un extrait de guaranine (liane tropicale), riche en dérivés xanthiques (caféine et théobromine) connus pour leur activité diurétique. Elle contient aussi une association de lierre, de marron d'Inde et d'algues (composition : huile de germe de céréales, beurre de karité, guaranine, lierre, marron d'Inde, algues).

Bain moussant aux algues – L'usage régulier de ce bain d'algues riche en oligoéléments est une source de vitalité et d'équilibre (composition : agents moussants anioniques et amphotères d'origine végétale, extraits d'algues, parfum).

Bain moussant circulatoire – Ce bain contient des agents lavants anioniques et amphotères d'origine végétale. Il est enrichi d'huiles essentielles et d'extraits végétaux dont les propriétés circulatoires sont reconnues (composition : agents moussants anioniques et amphotères d'origine végétale, extraits d'algues, de menthe, de cyprès, de lavande, vigne rouge, marron d'Inde).

Crème mains n° 1 – Cette crème très riche en lipides contient des principes actifs aux effets réparateurs et protecteurs particulièrement efficaces (composition : esters d'origines végétales, huile minérale, beurre de karité, huile de rosier muscat, huile de kukui, propolis, mimosa ténuiflora, allantoïne, extraits marins hydratants).

Spray fraîcheur des jambes – Destiné à délasser les jambes lourdes et/ou fatiguées, ce spray fraîcheur consiste en une émulsion très fine et pénétrante qui favorise l'activité des extraits végétaux (composition : pomme, marron d'Inde, vigne rouge, camphre, menthol, eucalyptus, mélaleuca).

Shampoing corps et cheveux – Ce shampoing contient des agents lavants anioniques et amphotères d'origine végétale, un condensat de protéines et des extraits d'algues.

Dologel – C'est un gel musculaire décontractant de texture très pénétrante, contenant 3 % d'une synergie d'huiles essentielles : menthe, lavande, cajeput, eucalyptus, romarin, connues pour leurs propriétés bénéfiques sur la décontraction musculaire.

Gel harpagophytum – L'*Harpagophytum procumbens* (plante herbacée des déserts de Namibie) est notoirement connu pour ses vertus anti-inflammatoires et apaisantes contre les douleurs articulaires. Ce gel est enrichi de camphre, également apprécié pour ses effets décongestionnants (composition : camphre, harpagophytum).

Huile de massage relaxante – Elle est constituée d'un mélange d'huiles végétales et minérales riches en esters, enrichi d'un complexe d'huiles essentielles connues pour leurs vertus apaisantes (composition : huile de germe de blé, huile minérale, esters d'origine végétale, huiles essentielles).

Gel chauffant – Émulsion très fine et pénétrante, ce gel s'applique avant un effort musculaire intense. Il stimule les circulations périphériques, procurant une sensation de chaleur (composition : huiles essentielles de thym et de marjolaine, salycilate de méthyle, nicotinate de méthyle, extraits d'algues, extrait d'harpagophytum).

Crème de massage camphrée – Elle contient un complexe phyto-aromatique qui lui confère de remarquables vertus circulatoires et apaisantes (composition : eau, émulsifiant, huile de germe de blé, esters d'origine végétale, huile minérale, extraits d'algues, de lierre, de marron d'Inde, vigne rouge, menthe et camphre).

Gel douche tonifiant aux huiles essentielles – Ce gel douche est composé d'agents lavants anioniques et amphotères d'origine végétale, d'un condensat de protéines et d'une huile hydrosoluble. Tous ces composants respectent l'équilibre hydro-lipidique de l'épiderme. Le gel est enrichi d'un complexe d'huiles essentielles qui favorisent le tonus et le réveil musculaire (composition : extraits de cajeput, menthe, lavande, romarin et eucalyptus).

Crème de massage aux algues – Cette crème discrètement parfumée au citron et à la verveine contient des extraits d'algues marines, riches en oligoéléments (composition : émulsifiant, huile de germe de blé, esters d'origine végétale, huile minérale, parfum).

Crème de massage minceur – Elle contient des extraits végétaux ayant la propriété bien connue de favoriser l'élimination des surcharges locales (composition : eau, émulsifiant, huile de germe de blé, esters d'origine végétale, huile minérale, extraits d'algues, de lierre et de marron d'Inde).

Des produits pour les peaux foncées, métisses et noires (ligne « Black is Wonderful »)

Ligne éclaircissante – Elle comprend un sérum (à appliquer chaque matin après la toilette), une crème (à appliquer chaque soir après le démaquillage) et un lait peeling (à utiliser trois fois par semaine).

Cette gamme est idéale pour conserver un teint uni ou faire disparaître des taches du visage. Elle contient de l'arbusome, une substance extraite des feuilles du bärentraube *(Arbutus uva-ursi)*, petit arbre sauvage originaire d'Europe. L'arbusome contient de l'hydroquinone naturelle. Or, l'hydroquinone est connue depuis fort longtemps pour son action décolorante sur les peaux foncées et les taches brunes ; cependant, il s'est avéré que l'hydroquinone obtenue chimiquement était dangereuse ; son usage a donc été interdit. En revanche, l'arbusome agit naturellement, en profondeur, sans provoquer d'irritations car l'hydroquinone qu'elle contient est d'origine végétale (composition : arbusome, symphytum, plantago, karité, germe de blé, huiles essentielles, huile d'amandes douces).

Lait corporel au beurre de karité – Les vertus extraordinaires et traditionnelles du beurre de karité font de ce lait corporel un excellent traitement de toutes les peaux sèches, qu'elles soient noires, métissées ou blanches. Il est enrichi de propolis et de mimosa dont les propriétés réparatrices et protectrices sont reconnues (composition : beurre de karité, huile minérale, extraits de germe de blé, de propolis, de mimosa, de rose muscat et d'algues).

Gel nettoyant peaux grasses – Les plantes et les huiles essentielles qui composent ce gel exercent une action absorbante et anti-inflammatoire qui confère à la peau un aspect net et soigné. Il permet de débarrasser les peaux grasses de leurs impuretés (composition : hydroxyéthyl-cellulose, propolis, lierre, cresson, roquette, romarin, citron, lavande).

Lait démaquillant aux germes de blé – Spécialement étudié pour les peaux foncées, sa formule permet un usage journalier. Ce lait élimine de la peau toutes les impuretés et préserve l'épiderme tout en lui assurant une hygiène irréprochable (composition : eau, huile minérale, collagène, lierre, blé, algues, parfum).

Les soins médicaux esthétiques

L'esthétique médicale

Je trouve ça très bien – pour les autres. Je suis un adepte de tout ce qui est cosmétologie naturelle et anti-âge. Tout ce qui améliore la peau, son aspect, son élasticité et son tonus m'intéresse. Je suis aussi croyant mais non pratiquant dans les vertus des produits que le docteur injecte pour le traitement des rides. Enfin, je suis un adepte convaincu, depuis plusieurs dizaines d'années, des oligoéléments, des vitamines et des compléments alimentaires.

K.L.

Atténuer rides, ridules et autres défauts du visage (taches ou cicatrices, par exemple) et/ou rendre le teint plus éclatant, tels sont les objectifs des soins médicaux esthétiques. Lesquels ont l'avantage non négligeable de ne pas nécessiter d'anesthésie générale (donc de faire l'économie des éventuels problèmes qui peuvent y être liés), mais l'inconvénient de ne pas être définitifs.

La mésothérapie du visage

Elle consiste à injecter superficiellement, à l'aide d'une fine aiguille, le long des rides du visage, un mélange nutritif et revitalisant. Celui-ci peut comporter, suivant le patient, des vitamines, des oligoéléments et/ou des extraits d'A.D.N. Un tel traitement est surtout indiqué pour les peaux fines, sèches, atones, les peaux asphyxiées des fumeurs. Le résultat est remarquable (recoloration de la peau, nouvel éclat du teint, atténuation des ridules). Toutefois, le traitement doit être renouvelé régulièrement (une fois par mois environ) pour un effet maximal.

L'injection de produits de comblement dans les rides

Ce soin consiste à pratiquer l'injection du produit, à l'aide d'une très fine aiguille, sur le trajet d'une ride, afin d'effacer la cassure du derme. Il a longtemps été pratiqué avec du collagène d'origine bovine ; celui-ci est en cours d'abandon en raison des dangers liés à l'apparition de la maladie de la vache folle (encéphalopathie spongiforme bovine), susceptible de contaminer l'être humain. On lui préfère aujourd'hui l'injection de dérivés de l'acide hyaluronique, un polysaccharide naturel jouant un rôle important au niveau de la peau, et notamment l'un des éléments constitutifs des tissus conjonctifs sous-cutanés. Les résultats de tels gestes sont excellents mais de durée relativement courte (de trois à neuf mois selon la dose injectée, le siège de la ride et sa profondeur). Toutefois, selon le mode de fabrication du produit injecté, le temps de résorption peut être plus ou moins long. Il existe sur le marché mondial de nombreux produits injectables destinés au comblement des rides. Certains sont sans danger, d'autres à éviter absolument. Il appartient au lecteur de vérifier soigneusement la nature des produits qu'il envisage d'utiliser.

L'électro-ridopuncture

Elle consiste à implanter dans le derme, le long d'une ride, soit une aiguille très fine, soit des aiguilles multiples. On fait alors passer des courants électriques pulsés de faible intensité qui stimulent la formation de fibres collagènes et remplissent ainsi le volume de la ride. Il faut en moyenne une dizaine de séances à une à deux semaines d'intervalle chacune, et un traitement d'entretien une fois par mois pour assurer la durabilité des résultats. Ceux-ci sont surtout notables dans la tonicité (raffermissement de l'ovale) et les ridules. En revanche, ce traitement est peu efficace sur les rides profondes.

L'injection de toxine botulique

Naguère, pour éliminer les rides horizontales importantes du haut du visage, il n'existait qu'une solution : détruire le muscle frontal pour l'empêcher de se contracter. Cette intervention relativement lourde se soldait par la présence d'une cicatrice allant d'une oreille à l'autre, malaisée à dissimuler, impossible à pratiquer chez les personnes chauves, et de surcroît génératrice d'une modification de l'expression.

Cette intervention peut aujourd'hui être remplacée par l'injection de toxine botulique, une substance qui « fige » le muscle incriminé ; l'injection, pratiquement indolore, est pratiquée au niveau des muscles responsables de la formation des grosses rides, ce qui permet de les faire disparaître. Elle est à renouveler tous les dix-huit mois pour obtenir un effet parfait. L'intervention doit être pratiquée par un médecin parfaitement formé, car le produit utilisé peut être dangereux dans des mains inexpertes. Le geste ne dure que quelques minutes, le patient pouvant repartir après un court repos.

Le peeling

Il consiste à appliquer sur la peau une substance chimique afin de provoquer une destruction de la couche la plus superficielle de la peau, l'épiderme, et des couches les moins profondes du derme. Ce type d'intervention permet de clarifier un teint jaunâtre, de faire disparaître les taches, des petites cicatrices (notamment des cicatrices d'acné), des rides et ridules, etc.

Il existe différents types de peeling, agissant à des niveaux plus ou moins profonds. Le choix est fonction des lésions à faire disparaître et du résultat désiré : peeling superficiel (neige carbonique, azote liquide, acides de fruits) ; peeling moyen (acide trichloracétique, acide rétinoïque, acide kojique) ; peeling profond (phénol), réservé aux rides très profondes accompagnées d'un affaissement des tissus du visage. Le peeling profond possède un effet lifting du fait qu'il entraîne une rétraction cicatricielle des tissus.

Le peeling à base d'acide de fruits a l'avantage d'être peu invasif. Il consiste à appliquer sur la peau, après l'avoir préparée pendant trois semaines par application d'une crème spécifique, un liquide entraînant une desquamation contrôlée (de type coup de soleil). C'est une excellente méthode pour traiter les cicatrices d'acné, les peaux grasses, certaines taches brunes et ridules.

Quant au peeling à l'acide trichloracétique, légèrement plus invasif (pendant la première semaine, la peau peut démanger et rosir) mais plus performant, il peut être utilisé dans la prévention du vieillissement cutané ou pour diminuer et même effacer les taches pigmentées rebelles, les ridules débutantes et les imperfections de la peau.

La réduction des surcharges graisseuses locales

En dépit d'un régime amincissant couronné de succès, il n'est pas rare que des dépôts graisseux disgracieux subsistent au niveau du corps, en particulier sur le ventre ou les membres. La médecine esthétique propose plusieurs techniques pour en venir à bout.

La liposculpture

Elle consiste à aspirer, le plus souvent sous anesthésie locale, les tissus graisseux en excès par l'intermédiaire d'une canule introduite par une minuscule incision pratiquée au niveau d'un sillon naturel. Cette méthode permet d'obtenir un résultat local sur un point précis résistant et/ou résiduel après un amincissement (par exemple l'intérieur des genoux, un double menton, un petit ventre rond, etc.). Le résultat obtenu est définitif.

La lipoponction

Elle est basée sur le même principe que la liposculpture, mais intervient sur de tout petits volumes graisseux.

Les soins de chirurgie esthétique

L'esthétique chirurgicale

La chirurgie esthétique, je trouve ça très bien... pour les autres. Pour moi, jusqu'à aujourd'hui, je n'en ai pas l'usage car, avec les soins du docteur et mes produits, je m'en sors très bien.

Malgré tout, je déplore que certaines de mes connaissances finissent, de lifting en lifting, par ressembler à des têtes réduites par les Navajo !

K.L.

Nous entrons ici dans le domaine chirurgical, qui, on l'a vu à propos des interventions pratiquées sur l'estomac, n'est jamais anodin en raison des risques, même faibles, qu'encourt chacun lors d'une anesthésie générale. Cela ne signifie pas que je déconseille d'y recourir ; simplement, ici plus qu'ailleurs, le temps de la ou des consultations préliminaires est essentiel, car il importe que le patient définisse clairement ce qu'il souhaite et pourquoi, et que le chirurgien expose les possibilités de réalisation, leurs limites et leurs conséquences cicatricielles.

Cela dit, la chirurgie esthétique peut accomplir de véritables petits miracles et, parfois même après un geste très limité dans sa localisation, transformer le quotidien d'une personne en lui permettant de se réconcilier avec elle-même.

Les soins de chirurgie esthétique du visage

Le lifting

Le lifting (ainsi nommé de l'anglais *lift*) est un geste chirurgical qui a pour but de « remonter » les tissus. Au niveau du visage, différents liftings sont possibles, dont le lifting cervico-facial, qui consiste à repositionner les tissus descendus vers le bas au fil du temps (relâchement de l'ovale du visage, du cou, bajoues, sillons nasogéniens marqués) ; le lifting fronto-temporal, qui permet notamment de corriger les rides horizontales ou verticales du front et les pattes-d'oie. Des liftings plus localisés sont aussi possibles (frontal pour retendre la peau du front, cervical pour retendre la peau du cou...), ainsi qu'un lifting « total » combinant le cervico-facial et le fronto-temporal. Dans tous les cas, la période postopératoire peut se solder par un inconfort certain (cicatrices visibles, ecchymoses, douleurs), le patient redevenant « présentable » deux ou trois semaines après l'intervention. Le résultat esthétique est, à terme, très satisfaisant pendant un temps variable d'un sujet à un autre. Ensuite se pose le problème d'une éventuelle répétition de l'intervention.

L'implantation de cheveux

Cette méthode consiste à redistribuer des cheveux, prélevés dans une zone génétiquement programmée pour qu'ils ne tombent jamais (la nuque) à une zone dégarnie. Cette intervention, qui fait appel à des instruments spéciaux de microchirurgie, nécessite une ou plusieurs séances d'une demi-journée environ, selon l'importance de la calvitie. Les résultats de la greffe de cheveux sont aujourd'hui très satisfaisants (les cheveux poussent en donnant un aspect tout à fait naturel), son inconvénient résidant dans... son prix élevé.

Les soins de chirurgie esthétique du corps

Les liftings du corps

Ils permettent selon le cas de corriger les affaissements cutanés du ventre, de l'intérieur des cuisses ou des bras.

Pour rendre sa plastique au ventre, différentes techniques sont possibles, en fonction de l'importance de la correction à apporter, mais aussi de l'état de la peau, de son élasticité, de l'état des muscles de l'abdomen, etc. Certains cas relèvent simplement de la lipoaspiration localisée. D'autres (surcharge graisseuse associée à un relâchement musculaire) nécessitent une chirurgie de la paroi abdominale (abdominoplastie).

Quant au lifting des cuisses et des bras, on ne conseille leur recours qu'aux personnes n'ayant aucune possibilité de récupération de l'élasticité de la peau, car le prix à payer peut être, dans les cas où les tissus sont très relâchés, une cicatrice importante. Si le relâchement est moindre, l'incision est pratiquée à l'aine ou à l'aisselle. On préfère à de tels gestes, lorsque cela est possible, une simple liposuccion.

La réduction ou la correction des seins

Dans certains cas, une poitrine anormalement volumineuse est liée à une obésité générale : il existe de volumineux dépôts graisseux localisés au niveau des seins, alors que la glande mammaire est de volume normal. Or, des seins trop gros peuvent être responsables, outre les considérations purement esthétiques, de troubles physiques : d'une part des douleurs au niveau du dos, à la base du cou et entre les omoplates (le poids excessif des seins tirant les épaules vers l'avant) ; d'autre part des douleurs au niveau des seins eux-mêmes. Si la poitrine demeure trop grosse malgré un régime amaigrissant, une correction chirurgicale peut être envisagée. Il existe différentes techniques, selon le type d'incision pratiqué (en T renversé, en L, en I). Quelle que soit la technique adoptée, des cicatrices en seront la rançon, et il est important de le savoir et de l'admettre avant l'intervention. Une telle opération nécessite une hospitalisation courte, et peut apporter un bien-être et une amélioration psychologique susceptibles de transformer véritablement la vie des femmes jusqu'alors affligées d'une poitrine trop volumineuse.

Un régime amaigrissant important peut, dans d'autres cas, entraîner une fonte très importante du panicule graisseux des seins, entraînant leur chute (seins en « gant de toilette »). Là encore, il est possible de faire appel à la chirurgie esthétique, soit simplement pour remonter la poitrine, soit en associant l'intervention à la pose d'implants mammaires (emplis de sérum physiologique et mis en place derrière le muscle grand pectoral), afin de leur rendre forme et volume.

Les soins généraux médicamenteux

Différents compléments alimentaires peuvent contribuer à restaurer la forme générale. Dans les pays industrialisés, il est devenu très rare que les manques de vitamines, sels minéraux et oligoéléments soient suffisamment importants pour engendrer de véritables maladies. Toutefois, le raffinement systématique de l'alimentation (sucre, sel, farine, etc.) entraîne, avec l'élimination des impuretés, celle d'une bonne partie des vitamines, sels minéraux et oligoéléments, favorisant ainsi l'apparition de petits déficits chroniques. La prise régulière de compléments alimentaires spécifiques (tels que ceux qui sont proposés dans la gamme Sunrex) corrige aisément ce type de carence qui, sans être réellement invalidante, se traduit par une petite fatigue chronique gênante au quotidien.

Par ailleurs, d'autres traitements généraux sont spécifiques des troubles liés à l'âge, à la ménopause chez la femme et, chez l'homme, aux problèmes d'érection.

Les vitamines

Ce sont des substances indispensables à la vie mais en très petites quantités. Il existe deux types de vitamines :

- Les vitamines solubles dans l'eau (toutes les vitamines B et la vitamine C). Elles sont principalement conte-

nues dans les légumes et les fruits. Il est donc nécessaire de manger fréquemment des fruits et des légumes crus, les vitamines étant susceptibles de disparaître dans les eaux de cuisson.
- Les vitamines solubles dans les lipides (vitamines A, D, E, K). Elles se trouvent dans certains végétaux, mais surtout dans le poisson, la viande, les laitages et leurs dérivés.

Les sels minéraux

Sodium, potassium, calcium, phosphore, magnésium et chlorures sont nécessaires, en petites quantités, au bon fonctionnement de l'organisme. Une alimentation raisonnablement équilibrée permet un apport suffisant de sels minéraux sans qu'il soit, en général, utile d'en rajouter dans l'alimentation. À noter que le poisson est une très bonne source de sels minéraux.

Les oligoéléments

Ce sont des substances minérales : fer, iode, zinc, cuivre, fluor, sélénium, etc., dont la présence dans l'organisme est nécessaire en quantité infinitésimale. Les produits de la mer, poissons et crustacés, constituent une excellente source d'oligoéléments.

Les antioxydants

Les phénomènes d'oxydo-réduction qui se passent à l'intérieur des cellules de l'organisme sont la cause de son vieillissement. Cela est particulièrement vrai au niveau des cellules de la peau, qui sont les plus exposées aux agents d'oxydation et au stress oxydatif. Pour combattre ce phénomène, on utilise, autant que possible, des agents antioxydants par voie générale et, aussi, localement, dans les produits cosmétiques « anti-âge ».

Les deux principaux antioxydants sont la vitamine C (acide ascorbique) et la vitamine E.

La vitamine C protège des radicaux libres qui sont responsables du vieillissement cutané car ils nuisent à l'hydratation de l'épiderme. Ils se multiplient en cas d'agression de la peau, par exemple par la pollution ou l'exposition au soleil. De plus, la vitamine C stimule la synthèse du collagène. Rappelons qu'elle est présente dans les agrumes, les kiwis, les fraises, mais aussi dans le potiron, le chou ou le fenouil, à consommer crus de préférence (la vitamine C se détruit en partie sous l'effet de la chaleur).

Quant à la vitamine E, elle possède, en plus de son action antioxydante, la propriété d'aider l'eau à se fixer dans l'épiderme. Les huiles végétales (tournesol, colza, arachide, olive) en contiennent, de même que la margarine et les fruits secs.

La D.H.E.A.

Depuis quelque temps, les médias font grand cas d'une hormone présentée comme une véritable fontaine de jouvence. Elle aurait de multiples vertus, dont un rajeunissement, une perte de poids, la prévention du cancer, des affections cardiaques et de la maladie d'Alzheimer, etc. Il s'agit de la D.H.E.A., ou déhydroépiandrostérone, une hormone stéroïdienne produite par les glandes surrénales. L'organisme commence à fabriquer cette hormone à partir de l'âge de six ou sept ans, avec une production maximale vers vingt-cinq ans ; puis sa production va décroissant à raison d'environ 2 % par an.

Les effets bénéfiques de l'administration de D.H.E.A. sont pour l'heure l'objet de vives controverses, certains scientifiques avançant que les essais sur l'être humain sont encore insuffisants pour assurer qu'un tel traitement est exempt de danger, et que les preuves de son efficacité sur le vieillissement sont insuffisantes (la D.H.E.A. doit avant tout sa réputation à des expériences pratiquées sur des souris et des rats, chez lesquels elle a en effet permis de mettre en évidence, notamment, une diminution du risque de cancer, de l'obésité et du diabète). Sur l'homme, selon différents résultats, la D.H.E.A. exercerait une action modérée sur la densité osseuse et une amélioration de la libido, mais surtout chez les femmes de plus de soixante-cinq ans, ainsi qu'une amélioration de l'aspect de la peau mais avec pousse des poils.

Si vous désirez entreprendre un traitement à la D.H.E.A., vous devez impérativement le faire sous contrôle médical. Il est en effet nécessaire de mesurer votre taux de D.H.E.A. pour déterminer quels sont vos besoins.

Le traitement hormonal de substitution à la ménopause

Le traitement hormonal de substitution, s'il ne peut être prescrit à toutes les patientes (il est notamment contre-indiqué en cas d'antécédents de cancer du sein), a, depuis son apparition, révolutionné la vie de bien des femmes ménopausées. La ménopause se définit par l'arrêt de la sécrétion d'hormones par les ovaires ; ce traitement consiste à administrer, par patch, crème ou comprimés, les hormones que l'organisme ne fabrique plus.

Le traitement hormonal de substitution s'avère efficace pour tous les troubles habituellement liés à la ménopause. Il permet notamment de faire disparaître les bouffées de chaleur, de faire persister la lubrification des muqueuses génitales, mais aussi de prévenir le vieillissement de la peau, les maladies cardiovasculaires et l'ostéoporose. Lorsque le traitement hormonal n'est pas souhaité ou impossible, le traitement par les compléments alimentaires donne de bons résultats ; il associe soja, yam, sauge (Menœstro, laboratoires Sunrex).

Le traitement des troubles de l'érection

Une molécule proposée depuis quelques années, le sildénafil (commercialisé sous le nom de Viagra), a permis de restaurer bien des virilités défaillantes. Elle possède en effet la propriété de relâcher les muscles qui entourent les aréoles des corps caverneux de la verge, donc de traiter les troubles de l'érection chez des patients souffrant de lésions artérielles qui rendent l'érection malaisée. Le médicament est à prendre une heure environ avant l'activité sexuelle. Contrairement à ce qui a été écrit ici et là, le Viagra n'est pas en soi dangereux, à condition de ne pas en abuser : il est recommandé de n'y recourir qu'une fois par jour et de respecter ses contre-indications.

Un autre produit, le chlorhydrate d'apomorphine (commercialisé sous le nom d'Uprima), agit en excitant une partie du cerveau (hypothalamus), qui envoie des stimulations au sexe.

Pour ceux qui craignent ce type de produit, il existe une alternative naturelle sous forme de complément alimentaire : le *Tribulus terrestris*, connu pour son activité stimulante générale et sexuelle (Forman, laboratoires Sunrex).

Savoir gérer le stress

Le stress est dans son sens général tout ce qui agresse l'organisme, physiquement (accident, grand froid ou grande chaleur...) ou psychologiquement (deuil, divorce, grande frayeur...). Par extension, on considère également comme de petits stress les contrariétés de la vie courante, l'agressivité des autres, les disputes familiales, etc.

Certains sont plus sensibles que d'autres à ces petits stress, et leur organisme répond en se déréglant, provoquant ainsi l'apparition de multiples troubles plus ou moins graves, voire de véritables maladies : ce sont des maladies psychosomatiques. Celles-ci sont bien réelles et on ne peut plus physiques. Certains ulcères de l'estomac, certaines irritations intestinales voire certains cancers peuvent ainsi être la conséquence et la réponse inconsciente des personnes qui en sont atteintes à des situations conflictuelles ressenties comme stressantes.

Plus la sensibilité personnelle des individus est grande, plus le risque de troubles dus au stress est important. Toutefois, dans la grande majorité des cas, les stress n'ont pas de conséquences aussi sérieuses : les personnes concernées souffrent de troubles fonctionnels, c'est-à-dire que leurs organes ne sont pas lésés, mais que leur fonctionnement est déréglé. Elles se plaignent alors de douleurs, de spasmes, de malaises divers, de palpitations, etc., alors que les résultats des examens médicaux sont normaux.

On parle aussi de stress positifs à propos des nécessités, des obligations « stressantes » qui obligent à travailler davantage, à se dépasser, à avancer dans la vie.

Le secours des médecines douces

Pour traiter les maux occasionnés par le stress, la médecine classique propose son arsenal de tranquillisants, neuroleptiques et antidépresseurs, certes efficaces mais non dépourvus d'effets secondaires et parfois générateurs de troubles qui nuisent à la qualité de leur efficacité. Les médecines dites « douces » peuvent quant à elles apporter une aide remarquable pour traiter ce type de trouble.

Parmi les médecines douces ayant fait la preuve de leur efficacité dans le traitement des troubles liés au stress, on peut citer l'acupuncture, l'application d'argile et de boue (dans le cadre de cures thermales ou de thalassothérapie, ou encore à appliquer soi-même), l'auriculothérapie (stimulation de points situés dans l'oreille), la réflexologie (stimulation de points situés dans le pied), l'homéopathie, la relaxation (training autogène de Schultz, notamment). Mais ce sont surtout les traitements par les plantes (phytothérapie), les oligoéléments, les vitamines et les sels minéraux qui permettent d'obtenir les meilleurs et les plus durables résultats.

Se débarrasser du tabac

Le tabac, quel intérêt ?

Mon père fumait de gros cigares et ma mère des cigarettes américaines, anglaises ou turques, je ne m'en souviens plus. Moi, je n'ai jamais fumé car je n'en vois pas l'intérêt. J'ai évidemment essayé, mais cela ne m'a rien apporté. De plus je pense que d'être encombré en permanence par un paquet de cigarettes, un briquet, et d'être embêté par ces cendres dont on ne sait que faire est une source d'ennuis totalement inutile. En revanche, je supporte tout à fait que mon entourage fume, même si je ne l'approuve pas.

K.L.

Il est inutile de développer ici ce que tous savent déjà : répétons donc simplement que le tabac est un poison pour l'organisme, et un facteur favorisant majeur de nombreuses maladies graves dont, au premier plan, les maladies cardiovasculaires et les cancers (en particulier du poumon et de la gorge).

Le tabac contient plusieurs poisons, essentiellement les goudrons et la nicotine. Les premiers se déposent à l'intérieur des voies respiratoires qu'ils irritent et encombrent ; ce sont eux qui risquent à la longue de provoquer la diminution de la capacité pulmonaire et d'entraîner des cancers. La seconde provoque une accoutumance. Aussi, lorsque l'on arrête de fumer, la chute du taux de nicotine dans le sang peut être responsable de troubles de type nervosité, insomnie, boulimie, etc.

Malgré ces désagréments, il n'est jamais trop tard pour arrêter de fumer, même si le prix à payer doit être la prise de plusieurs kilos.

Les méthodes employées pour arrêter de fumer sont de deux grands types : médicamenteuses et physiques. Il existe aussi des méthodes psychologiques comme l'hypnose, qui peuvent être utilisées seules ou en association avec une autre technique. La psychothérapie de groupe est aussi employée, un peu dans le même esprit que celui qui anime les groupes de désintoxication alcoolique.

Aucune de ces méthodes n'est infaillible. Chacun doit trouver la sienne en fonction de sa façon de réagir, mais dans tous les cas, il faut d'abord le décider fermement et être convaincu de sa décision. En outre, pour avoir le maximum de chances de réussir à arrêter de fumer, il faut :

- commencer pendant une période relativement calme sur le plan psychologique, des vacances, par exemple ;
- cesser, au moins au début, de consommer des boissons alcoolisées ;
- éviter de manger des aliments très épicés ;
- consommer régulièrement beaucoup de fruits riches en vitamine C (oranges, clémentines, citrons, kiwis, etc.) ;
- boire abondamment.

Mais il demeure que le médicament essentiel et irremplaçable pour arrêter de fumer est la volonté.

Des techniques pour aider à la désintoxication tabagique

Pour vous aider à vous désintoxiquer, vous pouvez faire appel à :

- L'allopathie, qui propose des dispositifs à appliquer sur la peau (patchs) ou des chewing-gums à la nicotine. Le but est de sevrer le patient en faisant progressivement descendre son taux sanguin de nicotine (application de patchs de moins en moins concentrés en nicotine), et ainsi de limiter les troubles liés au sevrage, en particulier la nervosité. Dans certains cas, le soutien d'un médicament anxiolytique léger ou, mieux, d'une plante sédative comme l'aubépine, peut aussi être proposé au patient.

Par ailleurs, un médicament (par voie orale) présenté comme le « remède miracle » a fait depuis peu son apparition sur le marché, mais n'a pas encore fait les preuves de son efficacité.

- L'homéopathie propose également des solutions : le médecin homéopathe fera fabriquer des dilutions homéopathiques du tabac que vous utilisez tous les jours à partir d'une de vos cigarettes, que vous confierez à un pharmacien spécialisé.
- Différentes techniques physiques peuvent être employées, seules ou en complément de l'allopathie ou de l'homéopathie. Ce sont l'acupuncture et des méthodes dérivées de celle-ci : auriculothérapie (par piqûre ou par positionnement sur certains points de l'oreille d'aiguilles semi-permanentes ou d'un fil stimulant les points concernés), stimulation électrique de points à l'aide d'un appareil portatif.

Toutes ces techniques donnent souvent, dans l'immédiat, des résultats satisfaisants, le problème résidant dans le résultat au long cours. La difficulté est donc essentiellement de résister aux tentations et de ne pas rechuter, en cherchant dans le tabac une aide dans un moment difficile. Reste le risque d'une éventuelle prise de poids...

Le sommeil, allié de la forme

Mon sommeil

J'ai toujours dormi relativement bien, surtout en avion, en voiture, en train, c'est parce que je ne conduis jamais. Maintenant je dors merveilleusement sept heures d'affilée, sans que des problèmes ou des événements plus ou moins agréables entament la qualité de mon sommeil. Si nécessaire, je suis capable de piquer un petit somme de 5 à 15 minutes aussi profond que mon sommeil nocturne et dont je sors frais et dispos.

Pendant ma cure d'amincissement et maintenant encore, il m'arrive de songer en m'endormant au petit déjeuner du lendemain, mes yaourts, mon thé accompagné d'un toast de pain complet.

K.L.

Sans que l'on puisse encore précisément expliquer pourquoi, il est certain que dormir est vital. Un bon sommeil, calme et tranquille, dans une atmosphère relativement fraîche, est le garant d'un réveil dispos, et l'un des piliers de la forme pour la journée.

Tout en reposant, le sommeil permet une baisse du métabolisme qui revivifie le corps, tandis que les rêves libèrent le mental. En moyenne, les individus ont besoin de 8 heures de sommeil par tranche de 24 heures, certains de moins, d'autres de plus. Par ailleurs, le temps de sommeil diminue à mesure du vieillissement.

Consultez !

Plusieurs millions de personnes utilisent chaque soir un somnifère pour s'endormir. Si tel est votre cas, ne cessez pas brutalement leur prise (certains génèrent une accoutumance et doivent être diminués progressivement ; l'arrêt brutal peut par ailleurs provoquer un rebond d'insomnie). Commencez par consulter un médecin ouvert aux médecines naturelles qui saura vous indiquer à quel rythme remplacer vos somnifères par des méthodes moins agressives, voire parfaitement naturelles.

Certains sommeils non réparateurs sont directement imputables à des troubles survenant pendant le sommeil, en particulier des apnées (pauses respiratoires à répétition). Si le médecin suspecte de tels troubles, il pourra vous prescrire un examen spécialisé afin de les dépister et de les traiter. Enfin, l'insomnie (ou au contraire une hypersomnie) peut être l'un des signes avant-coureurs d'une dépression.

Quelques points essentiels pour bien dormir

Apprenez à repérer votre heure idéale de coucher (chacun a ses cycles propres), qui se signale tout simplement par une fatigue, des crises de bâillements, une envie irrépressible de fermer les yeux, etc. Allez vous coucher quand vous avez sommeil – quitte à vous mettre au lit avant ou après votre conjoint – et ne laissez pas passer l'heure... ou attendez le prochain cycle (1 h 30 à 2 heures plus tard) pour aller vous coucher. Si vous vous mettez au lit et que le sommeil ne vienne pas, ne vous acharnez pas à le trouver : relevez-vous et adonnez-vous à une activité calme jusqu'à ce que revienne l'envie de dormir.

- Évitez les repas trop copieux le soir et supprimez l'alcool et les excitants (thé, café). Après le dîner, préférez une infusion légère de fleurs d'oranger ou de tilleul, ou encore une tasse de lait chaud.
- Protégez au mieux votre chambre des bruits du voisinage. Aérez-la correctement ; il est souhaitable que sa température ne dépasse pas 18 °C. Quant au lit, choisissez-le ni trop mou ni trop dur, avec des couvertures légères et un oreiller assez plat.
- Faites si possible un peu d'exercice doux avant de vous endormir, la meilleure préparation au sommeil étant une promenade à pied d'un quart d'heure ou d'une demi-heure. En revanche, évitez avant de vous coucher toute activité intense, physique ou intellectuelle. Si vous êtes particulièrement nerveux, vous pouvez prendre tous les deux ou trois jours, avant d'aller dormir, un bain de fleurs de foin ou de tilleul.
- Pour ceux qui ont des difficultés particulières à s'endormir ou qui souffrent d'insomnies chroniques, différentes techniques ont fait la preuve de leur efficacité. Ce sont la relaxation, l'acupuncture et l'auriculothérapie, la phytothérapie ou encore l'homéopathie.

Combattre la fatigue

Grand mal de notre temps, la fatigue trouve souvent son origine dans un sommeil insuffisant ou peu réparateur, mais aussi tout simplement dans une sollicitation excessive de nos sens (particulièrement sonore : télévision et radio, vacarme de la circulation, des transports en commun, de la circulation automobile) et dans le stress quotidien.

Mais la fatigue peut aussi trouver son origine dans une alimentation inadaptée : les excès et les manques en vitamines, minéraux, métaux, protéines, lipides et hydrates de carbone peuvent entraîner des dérèglements au niveau des hormones et du processus digestif menant à un encombrement de l'organisme par des toxines et des problèmes de métabolisme. Cela use prématurément les organes internes et la structure osseuse et musculaire, et engendre fatigue et vieillissement des cellules.

- La fatigue physique survient lorsque l'organisme ne se débarrasse pas de façon satisfaisante de ses déchets (acide lactique), les muscles étant trop sollicités et/ou pas assez en forme. Habituellement, une bonne nuit de sommeil en vient à bout ; si l'état de fatigue persiste plus de quelques jours, il peut être nécessaire de diminuer pour quelque temps ses activités normales et de recourir à des moyens plus drastiques tels que cure de repos, massages, bains, acupuncture, etc.
- La fatigue de l'intellect (problèmes de mémoire notamment), elle, peut être liée à une carence en phosphore. Germe de blé, jaune d'œuf (sans en abuser), champignons, crustacés et poissons, orge, lentilles... : voici quelques-uns des aliments susceptibles de combler cette carence. Sachez par ailleurs que le phosphore s'assimile particulièrement bien lorsqu'il est lié au manganèse (que l'on trouve dans la noix du Brésil, les amandes, l'orge, le blé entier, les épinards et les arachides).
- La fatigue psychique est l'aboutissement d'un état prolongé de fatigue physique et/ou intellectuelle. Un tel état peut mener à la dépression, en particulier si la personne, épuisée, au lieu d'interrompre ses activités pour permettre à son corps et à son esprit de trouver le repos, tente de se maintenir en forme en recourant à des excitants. Cela use peu à peu son système endocrinien, et débouche à la longue sur un état d'épuisement général.

Si vous vous trouvez dans une telle situation, consultez un médecin, qui vous orientera au besoin vers un traitement d'ordre psychologique (psychothérapie), vous prescrira éventuellement un médicament psychotrope (sur une courte période) ou à base de plantes (phytothérapie). Il pourra encore vous orienter vers l'acupuncture ou l'homéopathie, la relaxation ou vous prescrire une cure d'oligoéléments (magnésium, sélénium).

Mais quels que soient les traitements qui ont votre prédilection, ne laissez en aucun cas votre fatigue tourner à la chronicité. Prenez votre courage à deux mains, et consultez !

Un peu d'exercice pour une pleine forme

La gymnastique

Enfant, j'ai toujours fait beaucoup de sport, surtout du vélo car en Allemagne du Nord, c'est le moyen de transport le plus simple. En outre, je faisais régulièrement de la gymnastique et je dansais énormément. Aujourd'hui, je prends de l'exercice un jour sur deux dans ma salle de gymnastique, d'abord quelques mouvements d'assouplissement, puis je passe au tapis roulant, je soulève des poids mais je ne fais pas d'excès. J'entends conserver ainsi ma force et ma souplesse musculaires et me sentir bien dans ma peau. Mais j'attache de l'importance à ce que mes vêtements tombent élégamment – il faut être vigilant : lorsqu'on en fait trop, ce n'est pas idéal si l'on veut un veston qui tombe impeccablement.

K.L.

Nous ignorons trop souvent que notre corps est bâti pour l'action, et que nos organes internes ont absolument besoin de se faire masser par le mouvement sauf à se relâcher et à mal fonctionner. Même le cerveau et le système nerveux demandent au corps de lui faire parvenir de l'oxygène en quantité suffisante pour bien fonctionner.

Il suffit de quelques exercices, pratiqués chaque jour pendant une quinzaine de minutes, pour que la forme revienne : si vous vous y tenez, vous y puiserez au quotidien calme, détente et énergie. Inscrivez-vous à une salle de gymnastique, adonnez-vous au yoga ou à tout autre type d'activité physique douce (tai-chi-chuan, par exemple) faisant intervenir la respiration comme élément moteur de l'exercice : l'oxygène servant en quelque sorte d'« essence » au corps, prendre de l'exercice sans s'oxygéner correctement revient à forcer son moteur, c'est-à-dire, même si l'on y gagne quelques muscles, à épuiser l'organisme.

Dans l'attente de résultats, ne vous impatientez pas, surtout si vous avez cessé tout exercice physique depuis des années, et passez outre les éventuelles douleurs que vous ressentirez au cours des premiers jours d'exercice : assez rapidement, vous constaterez une réelle amélioration de votre état général, au physique comme au mental. Votre circulation sanguine va s'améliorer et votre corps se raffermir. Votre silhouette y gagnera sur tous les plans : plus élégante, plus souple, plus légère. La fatigue ira s'estompant, de même que les maux de dos. On peut en effet affirmer sans exagération que 80 % des maux de dos dépendent de faiblesses musculaires qui pourraient être évitées ; la posture (dos droit ou non) joue également un rôle non négligeable dans l'apparition de ce mal qui touche trois personnes sur cinq.

Avant d'entamer un programme de gymnastique, consultez un médecin pour faire vérifier votre tension artérielle, votre rythme cardiaque et respiratoire.

Si un minimum de 15 minutes par jour est nécessaire pour que les exercices que vous effectuez s'avèrent vraiment efficaces, le résultat réside dans la durée. Aussi, ne suspendez pas vos bonnes résolutions au moindre prétexte (voyage, par exemple) ; tenez-vous-en à votre routine quotidienne où que vous soyez. Au pire, remplacez vos exercices quotidiens par une marche d'une quarantaine de minutes. En revanche, pendant l'effort, n'allez jamais au-delà de vos possibilités ; en cas de douleur, arrêtez-vous et reposez-vous.

Apprendre à respirer

Si vous n'avez pratiqué aucun exercice depuis des années, vous ne savez sans doute pas respirer au maximum de vos possibilités. Voici deux façons simples d'améliorer votre respiration.

- Plusieurs fois par jour (deux fois de suite, matin, midi et soir, puis en augmentant graduellement), arrêtez-vous, inspirez profondément, retenez votre respiration, expirez lentement, attendez quelques instants en restant les poumons vides et au bout de votre souffle, puis reprenez lentement une inspiration profonde.
- Menton baissé sur la poitrine, haut de la tête étiré vers le ciel, inspirez lentement tout en vous efforçant de baisser et de détendre les épaules ; puis expirez lentement en faisant basculer la tête vers l'arrière, tandis que vos épaules remontent vers les oreilles. Pratiquez cet exercice au lever et au coucher en augmentant graduellement le nombre d'inspirations/expirations.

S'échauffer

Les exercices d'échauffement sont indispensables avant chaque séance d'exercices : si vous sollicitez vos muscles à froid, vous risquez le claquage.

- Debout, pieds écartés, levez les bras au-dessus de la tête. En ligne droite avec le corps, mains ouvertes, doigts collés, étirez la colonne vers le haut à partir des hanches ; balancez vos bras vers l'avant en pliant les genoux, puis penchez-vous et envoyez les bras vers l'arrière ; ramenez vos bras en avant, dépliez les

genoux puis redressez-vous en projetant les bras vers l'arrière. Répétez cet exercice 3 fois au début, puis augmentez graduellement jusqu'à 10 fois.
- Une autre possibilité d'échauffement : debout, pieds écartés, étirez les bras au-dessus de la tête en droite ligne avec le corps, mains ouvertes, doigts collés ; étirez la colonne vers le haut à partir des hanches ; en gardant cette posture des bras, dos droit, penchez-vous vers l'avant à angle droit, immobilisez-vous sans courber le dos, jambes tendues ; balancez le dos de droite à gauche et de gauche à droite ; laissez mollement tomber buste et bras vers l'avant et étirez-vous en gardant les jambes bien droites ; projetez les bras entre les jambes vers l'arrière en vous étirant ; redressez-vous. Cet exercice est à répéter 3 fois.

Des exercices pour les épaules

Les muscles trapèzes situés en haut des épaules ont tendance à accumuler les tensions et à durcir, ce qui occasionne des douleurs épuisantes.

- Debout, pieds légèrement écartés, dos bien droit, levez les épaules vers les oreilles puis ramenez-les dans leur position initiale (5 fois).
- Dans la même position, projetez les épaules vers l'avant (en gardant toujours le dos bien droit) puis ramenez-les vers l'arrière (5 fois).
- Toujours dans la même position, faites rouler vos épaules dans un mouvement circulaire de l'avant vers l'arrière, puis refaites le même mouvement de l'arrière vers l'avant (5 fois).

Des exercices pour les seins

Si vous voulez vraiment modifier l'aspect de vos seins, une chirurgie plastique s'impose. Pour améliorer le tonus de votre poitrine, aspergez-la d'eau froide matin et soir et effectuez les exercices suivants :

- Debout, dos droit, le regard fixant un point situé à hauteur de vos yeux, pressez vos mains ouvertes, paume contre paume, à la hauteur du cou et de la bouche. Laissez les mains collées pendant 10 secondes ; relâchez (5 fois).
- Debout, dos droit, bras croisés, les mains serrent les avant-bras qu'elles poussent puis tirent (5 fois).

Des exercices pour assouplir les épaules

- Debout, jambes ouvertes, pieds pointant vers l'extérieur, bras écartés en croix, pointez vos doigts vers le haut en pliant les poignets, puis faites tourner vos bras en un mouvement circulaire, vers l'avant puis vers l'arrière (5 fois chaque côté).
- Debout, jambes ouvertes, pieds écartés et tournés vers l'extérieur, étendez les bras en croix, paumes ouvertes face vers le haut, sans plier les coudes, et poussez les bras vers le haut en résistant à l'air.
- Même exercice, mais les paumes tournées vers le plancher, poussez les bras vers le bas comme pour résister à la pression de l'air.
- Debout, pieds écartés, dos droit, posez la main droite sur l'épaule droite, la main gauche sur l'épaule gauche. Fermez les coudes vers le bas, puis déplacez-les en avant et vers le haut jusqu'à ce qu'ils se touchent ; levez-les encore un peu plus haut. Puis ramenez les

coudes vers le bas et enfin de chaque côté du corps tout en gardant le dos droit (5 fois, puis 10).
- Debout, jambes ouvertes, pieds écartés et pointés vers l'extérieur, poings fermés, croisez, décroisez et croisez à nouveau les bras devant vous en un mouvement de balancier qui part du haut du dos (10 fois).
- Debout, pieds écartés, genoux légèrement fléchis, bras le long du corps, mains ouvertes, paumes vers le plancher, remontez les bras vers l'arrière (10 fois).
- Debout, pieds légèrement écartés, bras le long du corps, pliés au coude, poings fermés vers le bas, ramenez les poings vers la poitrine puis, poings toujours fermés, ouvrez les bras bien allongés (10 fois).

Des exercices pour la taille et les hanches

- Debout, jambes écartées, dos droit, ventre et fesses bien rentrés, genoux légèrement pliés et bras allongés devant vous, faites aller les bras alternativement de droite à gauche en un mouvement de ciseau dont les lames restent tendues (10 fois).
- Debout, pieds écartés, dos droit, levez les mains et touchez l'arrière de votre tête, puis penchez-vous d'un côté et de l'autre en ne pliant que la taille (10 fois de chaque côté).
- Même exercice de rotation du haut du corps, mais cette fois en repliant les bras et en installant le bout des doigts sur les épaules (10 fois chaque côté).
- Debout, pieds légèrement écartés, bras en croix pliés aux coudes, touchez votre genou gauche avec votre coude droit en vous penchant vers l'avant et en pliant la taille. Faites de même avec votre coude gauche et votre genou droit (10 fois de chaque côté).
- Couchez-vous sur le côté gauche en allongeant votre bras gauche sous votre tête. Pieds, taille et main sont

en ligne droite. Levez la jambe droite bien tendue et effectuez 10 ciseaux de haut en bas. Faites de même pour l'autre côté.

Des exercices pour l'« estomac » et les abdominaux

- Couchez-vous sur une surface dure, dos au plancher, et soulevez les genoux en les pliant. Les bras sont étendus droits derrière la tête ; il s'agit de forcer le dos à s'appuyer sur la surface quelques secondes (10 fois).
- Bien allongé sur le dos, bras allongés de chaque côté, mains ouvertes et paumes vers le bas, repliez les genoux et, en forçant le haut du corps, redressez-vous pour que les mains touchent les chevilles (5 fois).
- Même position mais, cette fois, élevez les genoux vers la poitrine (5 fois).
- Couchez-vous sur le dos, genoux pliés et joints, pieds légèrement écartés, mains repliées derrière la tête. Forcez pour lever le haut du corps de la surface en soulevant les épaules et une partie du dos. Relâchez-vous sur la surface (5 fois).
- Même position, mais pieds plus rapprochés. Genoux pliés, mains croisées derrière la tête, levez la jambe gauche vers le haut en pliant le pied et soulevez le haut du corps vers le pied levé sans que ce dernier bouge. Faites de même pour la jambe droite (5 fois).
- Couchez-vous sur le dos, genoux repliés et bras allongés le long du corps, paumes vers le bas. Les pieds légèrement écartés, soulevez le corps au complet mis à part les bras, les pieds et les omoplates. Puis tenez vos hanches avec les mains, et soulevez-vous encore plus haut. Allez-y doucement et redescendez lentement en commençant par le haut.

- Allongé sur le dos sur une surface dure, mains sous les fesses, paumes vers le bas, levez les deux jambes le plus droit possible tout en soulevant le cou et le haut du corps. Pendant que la jambe droite s'étire vers le haut, faites descendre la gauche et vice versa, dans un mouvement de ciseau qui ouvre et ferme (5 fois).
- Allongé sur une surface dure, mains derrière la tête, faites aller le coude droit vers le genou gauche tout en soulevant celui-ci. Même méthode pour le coude gauche vers le genou droit (5 fois de chaque côté).

Des exercices pour le dos

- Asseyez-vous jambes collées et allongées et levez les bras tendus au-dessus de la tête ; descendez lentement le haut du corps jusqu'à ce que les mains touchent les pieds et que la tête repose sur les genoux. Ne forcez pas et persévérez : au début, les genoux tendent à remonter (3 fois).
- Allongez-vous sur une surface dure. Épaules et tête soulevées, repliez les genoux, saisissez vos pieds, et collez-les aux mains. Puis, toujours en tenant les pieds avec les mains, reposez la tête et le dos sur la surface, en rapprochant les pieds du corps, en direction des épaules, comme le font souvent les bébés (3 fois).

Un maître mot : l'équilibre

Pour rester en forme, vous devez tenter d'organiser votre vie et votre travail, et de maintenir une harmonie entre votre vie de famille, vos activités professionnelles, vos loisirs et vos obligations diverses. Il n'est pas rare de recevoir les plaintes de gens mal dans leur peau, angoissés, déprimés, fatigués, en un mot pas en forme, dont le principal problème est en fait l'incapacité d'organiser leur vie.

Nous avons souvent tendance à prendre les faits pour argent comptant alors qu'ils sont la conséquence d'une cause inapparente. Ainsi, certains se plaignent d'être constamment fatigués et cherchent un secours dans les médicaments. D'autres sont tristes, dépressifs, et recourent à la médecine pour modifier leur caractère avec des tranquillisants. D'autres encore dorment mal, se réveillent au cours de la nuit et se lèvent épuisés le matin.

Le médecin consulté pratiquera toute une batterie d'examens afin d'identifier la cause des troubles, en déterminera parfois la raison, qu'il pourra alors traiter. Mais, dans bien des cas, il s'agit tout simplement d'un phénomène de désadaptation au mode de vie, face à laquelle le médecin est impuissant. Il pourra atténuer les troubles, voire les faire disparaître par des remèdes, mais dès que le traitement cesse, les troubles reparaissent ; en réalité, rien n'a changé ! Le traitement n'a fait que jeter un voile sur les troubles pour les dissimuler.

Qu'est-ce à comprendre ? Simplement que les circonstances ont amené de tels patients à adopter un mode d'existence qui ne leur convient pas, ou qui leur a convenu mais ne leur convient plus. Le corps et l'esprit réagissent alors et protestent sous la forme de troubles. Par exemple, telle personne exerce un travail qui ne lui permet pas de s'épanouir, ses collègues l'exaspèrent, son conjoint qu'il aimait tant l'insupporte... et il demeure imperturbable, avalant des tranquillisants en attendant d'aller mieux... ou de mourir de vieillesse.

Il convient dans de telles situations de réagir, d'ouvrir les yeux, de s'atteler enfin à comprendre quelles sont les vraies causes de son état ; c'est alors que se présenteront des solutions. S'accommoder de la situation en toute connaissance de cause – ce qui est déjà beaucoup plus facile à vivre –, négocier des arrangements pour qu'elle s'améliore ou supprimer le problème, c'est tout à la fois une question de tempérament individuel et de possibilités matérielles qui guident chacun dans son choix. Il est certes difficile, douloureux de changer de travail ou de décider d'une séparation, mais se voiler la face n'est pas la bonne solution. En somme, tout a un prix, le bonheur et la forme comme le reste...

Des pensées positives

À quoi bon se lamenter et se rendre malade parce que l'on est contrarié ? Confronté à une difficulté, acceptez calmement la situation et essayez de gérer le problème (ou la catastrophe). Lorsque vous aurez admis qu'il est inutile de se révolter contre des événements qui ne dépendent pas de vous, vous aurez fait un grand pas vers la sérénité. Ce qui ne signifie pas qu'il faille tomber dans un complet fatalisme – lequel conduit à l'indifférence et à l'inaction. Bien au contraire, réagissez aussitôt, sans perdre de temps en vaines jérémiades, et cherchez les meilleures solutions pour faire face.

Lorsque le plus gros de votre difficulté sera surmonté, repensez-y tranquillement et voyez si sa cause ne réside pas dans votre attitude, dans votre comportement. Vous pourrez en tirer une leçon pour l'avenir et agir en vous corrigeant.

Voilà une manière de philosophie qui peut s'appliquer à bien des situations, depuis les petites contrariétés jusqu'aux événements les plus graves.

Un travail épanouissant

Le travail

On me dit boulimique du travail ; mais pour moi, le travail n'est pas du travail car je fais ce que j'aime. Lorsque je commence à être saturé par une activité, je passe à une autre, ce qui me délasse. Avec la mode et ce qui s'y ajoute, mes studios de photo, ma maison d'édition-librairie avec Gerhard Steidl et diverses autres choses encore, je ne m'ennuie jamais. Au contraire, je suis heureux et reconnaissant de pouvoir faire tout cela. Il va de soi que cela ne peut fonctionner qu'avec une organisation sans faille. J'ai choisi avec soin les collaborateurs qui m'entourent et chacun d'eux sait ce que j'attends de lui. Je serais contrarié au plus haut point de perdre du temps du fait d'une mauvaise organisation, car il y a tant à faire, à écouter, à regarder, lire, dessiner, écrire. L'ennui, cela n'existe pas, il n'y a que des gens ennuyeux, qui ne s'intéressent à rien.

K.L.

Il est plus que souhaitable, pour être en forme, d'exercer un travail qui vous intéresse et que vous aimez. Combien sont les personnes à perdre littéralement la santé à cause de leur travail... Dans de nombreux cas, ne trouvant pas d'intérêt à l'activité qu'elles exercent, elles finissent par la considérer comme une corvée, ressentie à la longue comme une agression permanente. Leur corps répond à l'agression par des troubles dont le moindre est le manque de forme.

Certes, tous ne sont pas voués à occuper des postes prestigieux, mais il est possible de trouver de la satisfaction dans bien des métiers, à condition d'avoir choisi sa profession, de l'aimer et d'y puiser une satisfaction personnelle. Si tel n'est pas votre cas, si vous le pouvez, changez d'emploi ; malgré les difficultés, le jeu en vaut la chandelle. Dans le cas contraire, compensez ce que votre situation a de frustrant par une activité extérieure, quelle qu'elle soit du moment qu'elle vous plaît, dans laquelle vous pourrez vous réaliser en vous passionnant.

Les vertus de l'organisation

La bonne forme nécessite l'équilibre, et l'équilibre à son tour nécessite une certaine régularité dans la vie.

Ne laissez pas dévorer votre temps libre par des obligations dont vous n'avez pas envie. Simplifiez-vous l'existence, éliminez les indésirables de vos relations, évitez les complications sauf si tel est votre bon plaisir. En un mot, ne vous mettez pas en situation de subir.

Au sein de votre couple, partagez les corvées avec votre conjoint.

Si votre travail est trop éloigné de votre domicile et que vous soyez épuisé par des transports interminables, changez de travail – ou de domicile : si vous insistez, la dépression vous guette, si ce n'est un ulcère à l'estomac. Votre organisme ressent cette situation comme insupportable... Ne vous étonnez pas de ne pas être en forme si vous vous refusez à remédier à une telle situation !

Ménagez-vous du temps pour pratiquer régulièrement un exercice physique. Il n'est pas nécessaire de rechercher la performance : marcher régulièrement ou encore nager, faire un peu de jogging, de gymnastique ou de tennis contribuera grandement à vous maintenir en forme.

Ménagez-vous aussi du temps pour pratiquer les activités personnelles que vous aimez.

Quant à la vie familiale, son équilibre est nécessaire à la bonne harmonie de chacun. Autant que faire se peut, réservez un moment chaque jour, ne serait-ce que quelques minutes, pour parler avec vos enfants.

En conclusion, chacun aura compris que, pour être réellement en forme, il est indispensable d'être responsable de soi-même, de se prendre en main, de s'organiser pour s'intégrer dans la société sans être écrasé et en en tirant des avantages tout en évitant, autant que possible, les inconvénients. La vraie forme est à ce prix, car l'équilibre de l'esprit est indispensable à celui du corps.

Conclusion

Quelquefois ses yeux sagaces savaient se glacer d'indifférence sans mépris, comme il convient à un dandy consommé et à un homme qui porte en lui quelque chose de supérieur au monde visible.

Jules Barbey d'Aurevilly,
Du dandysme et de George Brummell

Le Tao qui se nomme n'est pas le Tao. Le Tao qui s'écrit n'est pas le Tao. Mieux vaudrait se boucher les oreilles que d'entendre prononcer le nom de Tao.

Qui possède l'intuition du taoïsme ne peut résister à sa substitution par le mot « dandysme » dont l'imprononçabilité de l'état paraphrase l'aphorisme de Cioran : « Celui qui vit dans la conscience qu'il est un saint n'est pas un grand saint. »

Il en va de même pour le dandysme qui ne se réduit certes pas à ce que décrit Larousse : « Mode vestimentaire et esthétique fondée sur un raffinement d'élégance perpétuellement renouvelée et associée à une affectation d'esprit et d'impertinence. »

Le dandysme est un état d'esprit indéfinissable caractérisé en profondeur par une exigeante et permanente recherche d'harmonie absolue entre l'individu et ce qui l'entoure et, en apparence, par les signes extérieurs de cette recherche.

Comme c'est souvent le cas, le monde se méprend à l'égard du dandysme et, prenant les effets pour les causes, il taxe les dandys d'excentriques à tout prix, d'esprits légers et frivoles, d'individus superficiels et fats, pleins d'eux-mêmes, qui se désintéressent systématiquement du reste de l'humanité.

Ce faisant on ampute le dandysme de sa dimension spirituelle, on réduit le dandy à un pantin ridicule et le fat pâmé étendu sur sept chaises renversées comme fatras de quilles dans les jardins du Palais-Royal, qu'illustra Paul Gavarni, n'est pas un dandy mais sa « façon » exempte de cette gravité qui en distingue l'alpha de l'oméga. Si à son commencement le dandysme est l'image du souci de paraître, il est, à son ultime, acte de renoncement au monde et à soi-même dans le vêtement le plus pénitent : celui de l'élégance. Il n'apparaît plus mais ne cesse, paradoxalement, de disparaître : silhouette qui marche à contresens des mondes émergés, sa canne, comme un périscope, orientée vers l'oubli d'un continent qu'implorait Apollinaire, dandy de l'Oméga.

Ainsi va le monde et il n'est pas aisé aux tenants de l'esprit dandy de continuer, en luttant pied à pied, à maintenir autour d'eux un climat favorable à leur survie. Ce n'est qu'au prix de concessions multiples au monde que les ultimes dandys ont réussi à maintenir l'essentiel de leur raison de vivre : une très grande liberté et originalité de pensée. Ces deux caractéristiques de l'esprit du dandy influent évidemment sur son comportement et sa façon de vivre en général est souvent empreinte d'originalité. Tout cela ne s'accompagne pas forcément d'excentricité vestimentaire et l'on peut considérer que certains sont simplement des dandys de l'esprit et que d'autres, plus exubérants dans leur tenue, sont des dandys « complets ». L'affirmation de cette philosophie dandy ne va pas sans heurts avec le monde et son tenant est souvent taxé d'antipathie, d'arrogance, de provocation, voire d'associalité. Il endure des contrariétés et des affronts de toutes sortes, souvent critiqué, parfois raillé par les autres, il est surtout soumis à un conflit permanent avec lui-même, écartelé entre ce qu'il est et ce qu'il voudrait devenir pour se trouver en harmonie avec son idéal.

L'aptitude aux tourments qui gouverne le dandy ne trouve son expression qu'à travers le masque de la fête où point l'imminence d'un drame.

> Pas de larmes extérieures !
> Sois le martyr mystérieux,
> Cache ton âme aux curieux
> Chaque fois que tu les effleures.
>
> Au son des musiques mineures
> Épanche ton rêve anxieux.
> Pas de larmes extérieures !
> Sois le martyr mystérieux,
>
> Tais-toi jusqu'à ce que tu meures !
> Le vrai spleen est silencieux
> Et la conscience a des yeux
> Pour pleurer à toutes les heures.
> Pas de larmes extérieures !

Cette injonction de Maurice Rollinat, dandy et l'auteur tragique des *Névroses*, rejoint la règle de l'ascétisme qui se confirme encore sous la plume d'Oscar Wilde : « Comme le cher François d'Assise, je suis marié à la pauvreté ; mais dans mon cas, c'est une union ratée. » *La Ballade de la Geôle de Reading*, véritable œuvre au noir, porte, dans son cœur, les germes d'une apparente frivolité tel le lys tenu à la main en descendant Piccadilly et l'imprécation lancée quelques heures avant de disparaître contre la décoration de sa chambre de l'hôtel d'Alsace : « J'ai livré avec le papier peint un duel à mort. »

Gravité et futilité sont les deux pôles entre lesquels oscille l'esprit dandy. Ainsi Brummell, « roi de la mode », ruiné et malade, près du tombeau, réclamait un miroir aux bonnes sœurs de l'hospice de Caen car rien ne lui paraissait plus important que de vérifier l'ordre de sa toilette.

La frivolité du dandy que l'on retrouve chez Karl Lagerfeld lorsqu'il dit : « Je veux être un cintre chic » cache en réalité une détermination, une volonté inflexible de faire plier la matière de son corps pour la modeler en fonction de ce que veut son esprit.

Pour le dandy l'élégance véritable est le fruit d'un combat mystique contre la matière, le commun et le convenu : « J'affirme sur les banquettes des cafés littéraires et dans le maintien le plus affecté être un homme douloureux. S'étonne-t-on de ma confidence ? Mon élégance est ma lèpre, cette canne est ma discipline. Cette main, que vous dites belle, ne reçut jamais une autre main qu'en saluts péremptoires. » (Juan Paral, *Entretiens du café de Flore – Lettres alchimiques*.)

Mon ami Karl Lagerfeld est entré en métamorphose comme on entre en religion après avoir longuement médité sa décision. Il s'est imposé une discipline qu'il a scrupuleusement respectée et, aujourd'hui, je le crois satisfait et heureux d'avoir atteint son but. Je pense qu'il est maintenant rentré en lui-même comme on rentre chez soi après un long et difficile voyage, ce qui peut trouver sa traduction poétique dans ces phrases : « Nos silhouettes se superposèrent exactement jusqu'à l'unité métaphysique et nous fûmes silencieux... longtemps et avec fougue. Depuis ce jour nous ne nous quittâmes plus et eûmes un seul visage : celui discret et pâle de la figuration, masqué d'artifices aux couleurs tendres et brutales. » (Juan Paral, *Monographie d'un petit éléphant mauve ou trente-six instantanés*.)

En conclusion le dandy s'apparente au mystique dans son acception la plus douloureuse parce que la moins conventionnelle. Vagabond intemporel, il traverse les foules, parfois honoré, souvent lapidé, mais éveillant chaque fois les consciences et suscitant à chacun de ses passages la question du « C'est quoi ça ? », formulation première du « Qui sommes-nous ? » philosophique, début de la réflexion sur le sens de la vie.

À ceux qui s'imaginent que pour devenir mince et élégant il suffit de suivre un régime alimentaire et de faire de l'exercice, j'adresse à la fin de cet ouvrage un ultime avertissement : *il n'est de véritable élégance que celle de l'âme.*

Jean-Claude HOUDRET

TABLEAUX

Poids idéal des femmes en fonction de la taille

Taille (cm)	Squelette léger	Squelette moyen	Squelette lourd
148	42,0 – 44,8	43,8 – 48,9	47,4 – 54,3
149	42,3 – 45,4	44,1 – 49,4	47,8 – 54,9
150	42,7 – 45,9	44,5 – 50,0	48,2 – 55,4
151	49,0 – 46,4	45,1 – 50,5	48,7 – 55,9
152	43,4 – 47,0	45,6 – 51,0	49,2 – 56,5
153	43,9 – 47,5	46,1 – 51,6	49,8 – 57,0
154	44,4 – 48,0	46,7 – 52,1	50,3 – 57,6
155	44,9 – 48,6	47,2 – 52,6	50,8 – 58,1
156	45,4 – 49,1	47,7 – 53,2	51,3 – 58,6
157	46,0 – 49,6	48,2 – 53,7	51,9 – 59,1
158	46,5 – 50,2	48,8 – 54,3	52,4 – 59,7
159	47,1 – 50,7	49,3 – 54,8	53,0 – 60,2
160	47,6 – 51,2	49,9 – 55,3	53,5 – 60,8
161	48,2 – 51,8	50,4 – 56,0	54,0 – 61,5
162	48,7 – 52,3	51,0 – 56,8	54,6 – 62,2
163	49,2 – 52,9	51,5 – 57,5	55,2 – 62,9
164	49,8 – 53,4	52,0 – 58,2	55,9 – 63,7
165	50,3 – 53,9	52,6 – 58,9	56,7 – 64,4
166	50,8 – 54,6	53,3 – 59,8	57,3 – 65,1
167	51,4 – 55,3	54,0 – 60,7	58,1 – 65,8
168	52,0 – 56,0	54,7 – 61,5	58,8 – 66,5
169	52,7 – 56,8	55,4 – 62,2	59,5 – 67,2
170	53,4 – 57,5	56,1 – 62,9	60,2 – 67,9
171	54,1 – 58,2	56,8 – 63,6	60,9 – 68,6
172	54,8 – 58,9	57,5 – 64,3	61,6 – 69,3
173	55,5 – 59,6	58,3 – 65,1	62,3 – 70,1
174	56,3 – 60,3	59,0 – 65,8	63,1 – 70,8
175	57,0 – 61,0	59,7 – 66,5	63,8 – 71,6
176	57,7 – 61,9	60,4 – 67,2	64,5 – 72,3
177	58,4 – 62,8	61,1 – 67,8	65,2 – 73,2
178	59,1 – 63,6	61,8 – 68,6	65,9 – 74,1
179	59,8 – 64,4	62,5 – 69,3	66,6 – 75,0
180	60,5 – 65,1	63,3 – 70,1	67,3 – 75,9
181	61,3 – 65,8	64,0 – 70,8	68,1 – 76,8
182	62,0 – 66,5	64,7 – 71,5	68,8 – 77,7
183	62,7 – 67,2	65,4 – 72,2	69,5 – 78,6
184	63,4 – 67,9	66,1 – 72,9	70,2 – 79,5
185	64,1 – 68,6	66,8 – 73,6	70,9 – 80,4

Poids idéal des hommes en fonction de la taille

Taille (cm)	Squelette léger	Squelette moyen	Squelette lourd
157	50,5 – 54,2	53,3 – 58,2	59,9 – 63,7
158	51,1 – 54,7	53,8 – 59,9	57,4 – 64,2
159	51,6 – 55,2	54,3 – 59,6	58,0 – 64,8
160	52,2 – 55,8	54,9 – 60,3	58,5 – 65,3
161	52,7 – 56,3	55,4 – 60,9	59,0 – 66,0
162	53,2 – 56,9	55,9 – 61,4	59,6 – 66,7
163	53,8 – 57,4	56,5 – 61,9	60,1 – 67,5
164	54,3 – 57,9	57,0 – 62,5	60,7 – 68,2
165	54,9 – 58,5	57,6 – 63,0	61,2 – 68,9
166	55,4 – 59,2	58,1 – 63,7	61,7 – 69,6
167	55,9 – 59,9	58,6 – 64,4	62,3 – 70,3
168	56,5 – 60,6	59,2 – 65,1	62,9 – 71,1
169	57,2 – 61,3	59,9 – 65,8	63,6 – 72,0
170	57,9 – 62,0	60,7 – 66,6	64,3 – 72,9
171	58,6 – 62,7	61,4 – 67,4	65,1 – 73,8
172	59,4 – 63,4	62,1 – 68,3	66,0 – 74,7
173	60,1 – 64,2	62,8 – 69,1	66,9 – 75,5
174	60,8 – 64,9	63,5 – 69,9	67,6 – 76,2
175	61,5 – 65,6	64,2 – 70,6	68,3 – 76,9
176	62,2 – 66,4	64,9 – 71,3	69,0 – 77,6
177	62,9 – 67,3	65,7 – 72,0	69,7 – 78,4
178	63,6 – 68,2	66,4 – 72,8	70,4 – 79,1
179	64,4 – 68,9	67,1 – 73,6	71,2 – 80,0
180	65,1 – 69,6	67,8 – 74,5	71,9 – 80,9
181	65,8 – 70,3	68,5 – 75,4	72,7 – 81,8
182	66,5 – 71,0	69,2 – 76,3	73,6 – 82,7
183	67,2 – 71,8	69,9 – 77,2	74,5 – 83,6
184	67,9 – 72,5	70,7 – 78,1	75,2 – 84,5
185	68,6 – 73,2	71,4 – 79,0	75,9 – 85,4
186	69,4 – 74,0	72,1 – 79,9	76,7 – 87,1
187	70,1 – 74,9	72,8 – 80,8	77,6 – 87,1
188	70,8 – 75,8	73,5 – 81,7	78,5 – 88,0
189	71,5 – 76,5	74,4 – 82,6	79,4 – 88,9
190	72,2 – 77,2-	75,3 – 83,5	80,3 – 89,8
191	72,9 – 77,9	76,2 – 84,4	81,1 – 90,7
192	73,6 – 78,6	77,1 – 85,3	81,8 – 91,6
193	74,4 – 79,3	78,0 – 86,1	82,5 – 92,5
194	75,1 – 80,1	78,9 – 87,0	83,2 – 93,4
195	75,8 – 80,8	79,8 – 87,9	84,0 – 94,3

POST-SCRIPTUM

La semaine dernière, Karl Lagerfeld est venu dîner à la maison et au cours de ce dîner diététique (gaspacho en gelée à la crème d'avocat et aux queues de langoustes, filets de capitaine, pommes vapeur, salade mélangée, cocktail de fruits exotiques) arrosé de Pepsi-Max, il m'a fait remarquer : « J'aime bien votre conclusion mais vous ne parlez que de dandys. Et les dames ? »

Effectivement, tout à mon sujet : « Comment j'ai aidé à l'amincissement de Karl Lagerfeld », j'ai oublié dans ma conclusion les femmes, pourtant si présentes à mon esprit.

Tout au long de cet ouvrage j'ai pensé à elles et mes recettes de cuisine, mes conseils de cosmétologie et mes conseils généraux leur sont en grande partie dédiés.

Tout ce qui, à mes yeux, est valable pour les hommes l'est aussi pour les dames, avec, bien entendu, les correctifs à appliquer en fonction de la physiologie féminine. En effet, qu'on le veuille ou non, la vie de la femme est régie par son statut hormonal qui change de la puberté à la post-ménopause en passant par la grossesse. À chacun de ces stades peuvent se poser des problèmes spécifiques qui relèvent parfois de l'endocrinologie mais, de toute façon, mes conseils diététiques restent valables dans tous les cas sauf, évidemment, pour la grossesse où ils doivent être adaptés.

La féminité moderne s'accompagne d'une relative minceur (sûrement pas de maigreur) mais il n'en n'a pas toujours été ainsi. Même aujourd'hui, suivant les cultures, les standards de beauté sont variables : les Africaines se doivent d'être plus rondes, les Asiatiques plus fines, les Nordiques plus charpentées, etc.

Il importe donc, mesdames, que vous usiez de votre détermination et de votre volonté d'être au top de votre personnalité en tenant compte de ce que vous êtes, en n'oubliant pas que vous êtes chacune différente et que rien ne vous oblige à céder à la pression médiatique qui vous impose des « modèles standard » : chanteuses, vedettes... Chacune d'entre vous est en droit d'essayer de tirer le meilleur d'elle-même autant psychologiquement que physiquement en ayant à l'esprit mon dernier conseil : « *Le poids qui vous convient, mesdames, c'est celui dans lequel vous vous sentez bien.* »

Jean-Claude HOUDRET

INDEX DES RECETTES

Le petit déjeuner

Petit déjeuner été 111
Petit déjeuner hiver 111

Les soupes et les potages

Potage au citron 113
Potage printanier 113
Crème de brocolis 114
Velouté de poireaux 114
Crème d'endives 115
Crème de champignons 115
Soupe à l'oignon gratinée 116
Gaspacho 116
Soupe de poissons 117

Les entrées et les salades

Aubergines sautées au
 pamplemousse rose 119
Foies de volaille au poivron
 rouge 120
Soufflé de tomates et
 poires 120
Tomates au thon 121
Melon saumoné 121
Salade de tomates aux
 crevettes 122
Salade de chou-fleur cru 122
Salade niçoise 123
Salade de saumon 123
Salade aux concombres
 et aux pommes de terre 124
Salade de poulet aux
 champignons 124
Antipasto de légumes crus .. 125
Salade de champignons 125
Laitue farcie 126
Salade de choux 126
Taboulé 127
Salade de poissons à
 l'avocat 127
Pâté de volaille 128
Empanadas argentins 129

Les œufs

Œufs cachés 130
Piperade légère 130
Omelette à l'aubergine 131
Omelette aux girolles 131
Œufs au four 132
Œufs cocotte au cresson 132
Flans de cresson aux
 Saint-Jacques 133
Soufflé de poisson 134
Soufflé aux asperges 134

Les crustacés et les poissons

Mousse de thon et de mûres 136
Cabillaud aux cassis 137
Morue aux poivrons 137
Moules marinières 138
Écrevisses à la nage 138
Lotte au coulis de tomates fraîches 139
Filet de flétan à la moutarde 139
Pot-au-feu de la mer 140
Crevettes sauce à l'ail 141
Calamars frits 141
Sole aux épinards 142
Moules aux poivrons 142
Dorade au fenouil 143
Loup à l'orange d'été 143
Lotte pochée au vin 144

Les viandes

Veau aux quetsches 145
Dindonneau aux pêches de vigne 145
Cailles aux myrtilles 146
Mousse de jambon aux framboises 146
Rôti de veau aux cerises 147
Pintade aux cerises 148
Escalopes de veau au romarin 148
Lapin aux tomates 149
Chich kebab 149
Poulet aux olives 150
Blancs de poulet à la feuille de chou 151
Cailles flambées 151
Aiguillettes de canard aux champignons 152
Côtes d'agneau grillées à la menthe 153
Foie de veau aux fraises des bois 153
Poulet aux champignons et au vin blanc 154
Agneau braisé sauce au vin 154
Steak flambé 155
Pintade rôtie à l'estragon 155
Carpaccio 156
Côtelettes de veau au four 156

Les pâtes et pizza

Spaghettis au saumon 158
Pâtes à la sauce pesto 158
Pâtes à la sauce fruits de mer 159
Pizza 159

Les légumes

Feuilles d'endives farcies 161
Courgettes à la provençale 161
Artichauts farcis 162
Brocolis aux tomates 162
Endives à la royale 162
Carottes à la crème 163
Épinards aux crevettes et au riz 163
Concombres à la crème 164
Terrine aux trois légumes 164
Gratin de poireaux 165
Légumes en sauce blanche 165
Champignons sautés 166
Aspic de légumes 167

Les sauces

Sauce au roquefort 168
Sauce au yaourt 168
Sauce blanche de base 169
Sauce à l'estragon 169
Sauce au vin rouge 170
Coulis de tomates fraîches .. 170
Sauce au concombre 171
Sauce au fromage blanc
  et à la moutarde 171
Sauce rose 172
Mayonnaise légère 172
Béarnaise minceur 173

Les desserts

Sorbet de grenades 174
Compote de fraises
  et rhubarbe 174
Mousse aux fraises 175
Crêpes aux fruits 175
Coulis de framboises 176
Friandises aux fruits 176
Crème pâtissière 177
Couronne aux amandes 177
Petits fours au moka 178
Minarets au chocolat 178
Sorbet aux framboises 179
Coupe meringuée 180
Délices aux fruits 180
Terrine de fruits en gelée 181
Salade de fruits rouges 182
Mousse au citron 182

Bienêtre

9198

Composition : PCA
Achevé d'imprimer en Espagne
par Litografia Roses
le 10 février 2010.
Dépôt légal février 2010. EAN 9782290022962

Éditions J'ai lu
87, quai Panhard-et-Levassor, 75013 Paris
Diffusion France et étranger : Flammarion